BIOGRAPHIE

DE

M. LECOINTRE-DUPONT

POITIERS. — TYPOGRAPHIE OUDIN.

BIOGRAPHIE

DE

M. LECOINTRE-DUPONT

PAR

J.-L. DE LA MARSONNIÈRE

ANCIEN PROCUREUR GÉNÉRAL

PRÉSIDENT DE LA SOCIÉTÉ DES ANTIQUAIRES

DE L'OUEST.

POITIERS

TYPOGRAPHIE OUDIN

4, RUE DE L'ÉPERON, 4

1889

M. LECOINTRE-DUPONT

BIOGRAPHIE

CHAPITRE PREMIER.

ORIGINES ET JEUNESSE DE M. LECOINTRE.

Il est des existences qui sont au-dessus des banalités de l'éloge et qui doivent être racontées avec la simplicité de langage propre à la modestie de ceux qui les ont vécues. Telle fut celle de M. Lecointre-Dupont qui, comblé des dons de la fortune et doué des facultés les plus heureuses, s'appliqua, durant tout le cours de sa longue existence, à demeurer au rang des humbles.

Dans les pages que nous allons consacrer à M. Lecointre, nous ne manquerons point de rendre un juste hommage aux vertus du chrétien, aux œuvres charitables du riche bienfaisant et aux travaux du savant que plus d'un succès a couronnés ; mais nous nous attacherons surtout à pénétrer dans l'intimité de M. Lecointre, et à nous inspirer, pour le mieux faire connaître, de l'agréable commerce entretenu par lui, depuis cinquante ans, avec des amis auxquels l'unissait, outre l'affection, le lien d'une commune passion pour la science. Cette correspondance, soigneusement conservée par M. Lecointre, depuis 1840, et pieusement recueillie par ses enfants, est sous nos yeux. Elle nous a paru fort intéressante et nous fournira les linéaments de plus d'un portrait (1).

M. Gabriel-François-Gérasime Lecointre

(1) Cette correspondance se compose d'un millier de lettres émanant de nombreux signataires. Elle fait partie des archives de la famille Lecointre, et forme six liasses, où chaque lettre a son numéro d'ordre.

est né à Alençon, le 4 décembre 1809. Son père, Jean-Gabriel-Julien, était originaire de la Normandie ; sa mère, Mlle Justine Minoret, était fille d'un riche banquier de Poitiers.

Ses origines, aussi bien que ses inclinations, l'attachaient au parti royaliste.

A ce parti, en effet, sa famille avait déjà payé le tribut du dévouement et du sacrifice. En ventôse an V, c'est-à-dire à une époque où les poursuites politiques étaient encore aussi arbitrairement introduites que terribles dans leurs conséquences, sa grand'mère paternelle, Madame Lecointre, fervente royaliste, avait été traduite devant le conseil de guerre permanent de la 17e division militaire, séant à Paris. Elle était sous le coup d'une accusation d'embauchage d'officiers, au nom de Louis dix-huit. Dans la même accusation étaient comprises plusieurs personnes, dont cinq furent condamnées à dix, cinq et une années de reclusion. Les autres furent acquittées. Madame Lecointre fut de ce nombre, ainsi qu'un sieur Jean-François-Béranger Mersix, qui n'était autre que le père du célèbre chansonnier (1).

Du côté maternel, M. Lecointre avait trouvé dans sa famille de non moins honorables exemples. Son grand-père, M. Minoret, était un de ces rares banquiers, pour qui leur industrie est un instrument de bienfaisance autant qu'un instrument de fortune. Il s'était enrichi par l'économie, et non par l'exagération de ses profits; si bien que l'estime et la reconnaissance de ses concitoyens se traduisaient, après sa mort, dans un article de la *Gazette de l'Ouest*, par cette parole qui eût pu servir d'épitaphe à sa tombe: « Si M. Minoret « s'imposait à lui-même une sévère économie, « il était, en revanche, prodigue pour ses « pauvres (2). »

Nous verrons bientôt avec quelle fidélité

(1) Par jugement de ce tribunal militaire du 22 ventôse an V, furent condamnés: Charles Brothier et Madeleine Duvernay de Presle à 10 ans de reclusion; Honorine Beurthelot de la Villeurnoy, à un an, et Léonard Poly, à cinq ans de la même peine. Madame Lecointre et tous les autres furent acquittés.

(2) N° de la *Gazette de l'Ouest* du 23 septembre 1831.

M. Lecointre régla sa conduite sur ces traditions de famille.

Ces traditions et la forte et chrétienne éducation que reçut M. Lecointre, trempèrent, comme l'acier, sa saine et irréprochable jeunesse. Le collège d'Alençon, où il fit ses études, avait un juste renom. Son principal, M. Frémy, méritait, à tous égards, la confiance des parents. Ce digne maître conserva pour M. Lecointre une affection qui fut à l'épreuve du temps. A vrai dire, l'élève était fait pour gagner le cœur et flatter l'amour-propre du maître. Nous n'en voulons pour preuve que les succès du jeune homme au collège d'Alençon, succès auxquels fait allusion le passage d'une lettre que lui écrivait, en 1863, un de ses anciens professeurs, M. Daune, à l'occasion de l'envoi qu'il venait de recevoir d'un de ses ouvrages : « J'ai été d'autant plus flatté et « plus réjoui de votre souvenir que, depuis « longues années, je ne vous ai pas vu et que « j'étais affligé de ce que vous étiez passé « par Alençon, sans venir me voir. La pensée

« que vous aviez été l'un de mes élèves les « meilleurs et les plus distingués vient, de « nouveau, d'être justifiée par la lecture que « je viens de faire du discours que vous avez « eu la bonté de m'envoyer (1). »

M. Lecointre avait 18 ans, lorsqu'en 1827, après un baccalauréat conquis par de brillantes épreuves, il se rendit à Poitiers pour y faire son droit. Son grand-père, M. Minoret, vivait encore et était à l'apogée de cette grande réputation de financier dont son panégyriste de 1831 a dit : « qu'il était l'un des banquiers les plus renommés de France (2). » M. Minoret, au moment de l'arrivée de son petit-fils, était déjà vieux et avait associé à ses travaux son gendre, M. Dupont, auquel un lien de plus devait unir plus étroitement encore, le jeune Lecointre.

Les aptitudes et l'assiduité de l'étudiant furent ce qu'avaient fait pressentir les succès de l'écolier. La justesse de son esprit lui faisait

(1) Correspondance, liasse 3, n° 63.

(2) N° du *Patriote de l'Ouest* du samedi 1er octobre 1831.

discerner, dans l'étude du droit, une initiation aux affaires auxquelles le destinait, pour une part, la succession commerciale de son grand-père. La science du droit était, d'ailleurs, d'un accès facile et d'un très grand attrait, à une époque où elle était enseignée par l'illustre Boncenne.

Mais, tout en étant un auditeur assidu des cours de droit, le jeune Lecointre ne résistait pas à l'attraction, bien autrement captivante, qui l'entraînait vers les études historiques. Il était né en Normandie, cette terre promise de l'archéologie, science qui n'avait alors que peu d'initiés et que commençait à populariser, dans les provinces, l'éminent fondateur de la Société française d'archéologie. C'était de la Normandie que M. de Caumont devait faire rayonner, vers toutes les provinces de France, ce goût de l'archéologie qui, tout d'abord contestée comme science, devait se faire, plus tard, une si large place parmi les connaissances les plus accréditées auprès du monde savant. M. Lecointre fut des plus zélés à suivre ce courant scientifique, et s'attacha plus particulièrement à la numismatique, guidé par les encouragements et les exemples d'un autre de ses compatriotes, le vénérable et savant M. de Gerville, alors septuagénaire. Nous aurons, plus d'une fois, l'occasion, dans le cours de ce récit, de citer des passages de l'intéressante et active correspondance qui s'établit entre le jeune homme et le vieillard.

Ce goût pour les études sérieuses remonte donc à la première jeunesse de M. Lecointre. On peut ajouter que ce goût a rempli et charmé sa vie.

Il avait terminé ses études de droit depuis trois ans, lorsqu'âgé de 24 ans, il épousa, le 16 avril 1833, sa cousine germaine, Mlle Marie-Louise Dupont, fille de M. Joseph-Bernard Dupont et de dame Luce Minoret.

L'honorabilité de la famille Dupont ne le cédait en rien à celle des Minoret à laquelle elle s'était alliée.

Le père de M. Joseph-Bernard Dupont avait été choisi par le roi pour représenter le tiers ordre aux assemblées provinciales de 1787.

M. Bernard Dupont lui-même avait été l'objet de distinctions qui donnent la mesure de la valeur de celui qui devenait le beau-père de M. Lecointre ; il était chevalier de la Légion d'honneur, membre du conseil général et député de la Vienne. Il était aussi membre du conseil municipal de Poitiers. Enfin, il avait exercé les fonctions de président du tribunal de commerce.

Il ne devait pas jouir longtemps du bonheur de ses enfants, car, cinq mois après leur mariage, il décédait le 2 septembre 1833 (1).

C'est à cette époque que commença la vie laborieuse de M. Lecointre, partagée entre l'administration d'une grosse fortune, l'éducation d'une nombreuse famille et les travaux scientifiques qui l'ont placé à l'un des rangs les plus distingués des savants et des lettrés de la province.

(1) M. Lecointre devait lui-même perdre son père le 8 novembre 1835, et c'est alors qu'il se fixa définitivement à Poitiers.

CHAPITRE II.

DÉBUTS DE M. LECOINTRE DANS LA SCIENCE.

Nous avons déjà parlé des goûts studieux de la jeunesse de M. Lecointre et de son inclination pour la numismatique, cette science qui a si bien su marquer les étapes de l'histoire. Dès l'âge de 20 ans, il avait commencé des collections qui, si général qu'en fût le plan, s'étaient cependant plus particulièrement localisées dans les deux champs d'observation que lui offraient naturellement la Normandie, son pays d'origine, et le Poitou où il devait passer sa vie.

Mais ce n'était point au rôle effacé de simple collectionneur qu'il était permis à M. Lecointre de se restreindre ; son esprit d'observation, sa sagacité et l'originalité de ses conceptions, qualités au service desquelles était une plume élégante et souple, lui imposaient la loi de faire violence à sa timidité naturelle et de produire le résultat de ses études. Ses premiers essais révélèrent un savant et un écrivain. Je tiens à citer, à ce propos, un témoignage qui n'est pas suspect de partialité, car celui qui l'a donné, et qui n'était autre que M. Guérard, membre de l'Institut, ne connaissait encore M. Lecointre que par la lecture d'un de ses premiers écrits. Je laisse ici la parole à M. Rondier, savant numismatiste et correspondant de M. Lecointre :

« Un jour des vacances de 1836, écrivait-il « à ce dernier, je compulsais des manuscrits « à la bibliothèque de Paris, lorsque je fus « abordé par un monsieur qui savait que « j'étais Poitevin, et qui me dit qu'il venait « de publier une réponse à votre article sur « les *anciens noms de la ville de Melle*. Tout « en contestant vos conclusions, il relevait le « mérite de vos recherches, et lorsque je lui « appris que vous n'aviez que 25 ou 26 ans, « il me dit : — « *Ce jeune homme promet* ». « Ce ne fut que deux jours après, que je sus

« que ce monsieur était M. Guérard, membre « de l'Académie des inscriptions et belles- « lettres (1). »

Ce jeune homme promettait, en effet, et tint si bien ses promesses qu'il ne tarda pas à être traité sur le pied de l'égalité, par des hommes qui avaient atteint non seulement la maturité de la science, mais encore celle de la vie. Ils s'habituèrent à tenir grand compte de ses opinions et de ses idées qui se recommandaient par leur justesse et souvent par leur nouveauté ; et bientôt commença, entre le jeune homme et les plus hautes notabilités scientifiques, une correspondance où l'échange de vues et de renseignements se faisait avec une parfaite réciprocité de confiance et de déférence. On goûtait fort les avis de M. Lecointre, et ses contradicteurs eux-mêmes finissaient souvent par s'y rendre.

M. Lecointre fit donc son entrée dans le monde savant à un âge où l'honneur d'y être

(1) Correspondance, liasse 5, n° 22.

introduit n'est encore qu'à l'état d'espérance. Cette faveur lui offrait non seulement des avantages scientifiques sur lesquels nous n'avons pas besoin d'insister, mais encore le spectacle curieux que la diversité des tempéraments et des caractères présente, plus qu'ailleurs peut-être, dans le monde des savants.

La correspondance que nous avons sous les yeux exhale le parfum des choses fanées, car les mains qui l'ont tracée sont aujourd'hui, pour la plupart, immobiles dans le repos du dernier sommeil. On n'en sent pas moins la vie dans ce dialogue des morts où l'observateur voit apparaître une variété et une originalité de caractères qui sont pour lui un sujet intéressant d'étude et de curiosité. Là, c'est un antiquaire, absorbé dans une passion dominante, dont la chaleur, négative pour tout ce qui n'est pas elle, semble avoir la propriété d'être un réfrigérant pour toutes les autres. On conclurait ainsi volontiers de cette lettre d'un magistrat numismatiste qu'on dirait tenté de sacrifier six années de sa vie, pour voir sonner l'heure bénie de la retraite, grâce à laquelle il pourra se consacrer, tout entier et sans partage, au service de son austère maîtresse : « Je pense avec plaisir, écrit-« il à M. Lecointre, que, dans six ans, je « serai mis à la retraite, et je fais de beaux « châteaux en Espagne à bâtir à cette épo-« que. M'occuper de numismatique et d'his-« toire locale à 70 ans !!! C'est un singulier « rêve !! Mais je serais bien fâché qu'on l'in-« terrompît (1). » Prenons une autre lettre, et nous verrons un archéologue inventeur qui pousse jusqu'au lyrisme l'enthousiasme de ses découvertes : « Jugez de ma joie, de ma « jubilation, des battements de mon cœur, en « retirant de terre ces richesses inestima-« bles (2) !! » Un peu plus loin, c'est le collectionneur conquérant, sans respect pour les frontières de l'état voisin, qui, à propos d'un certain *curbanacum*, médaille inédite, écrit à

(1) Correspondance, liasse 5, n° 19.
(2) Id. liasse 3, n° 88.

M. Lecointre : « Vous pensiez bien sans doute « que je garderais le *curbanacum* et vous avez dû « lui faire vos adieux. Mon médailler est l'antre « de *Cacus* (1). » Et aux plaintives doléances de M. Lecointre, le correspondant répond plaisamment : « Pour des remords de conscience, « n'y comptez pas ! je n'en ai pas le moindre, « et les trois pièces en question resteront « dans leurs cases, chez moi, sauf le *curba-* « *nacum*, qui pourra être changé, à la pre- « mière requête, contre un prisonnier d'égal « mérite. Où prenez-vous, bon Dieu ! des « remords de collecteurs numismatistes ! Avoir « des remords !... A moins d'avoir volé, tout est « de bonne prise, sauf revanche. Prêt à recom- « mencer. » Il va sans dire que M. Lecointre ne fit (2) qu'en rire et que les échanges de lettres et de monnaies continuèrent avec la même bonne humeur et la même cordialité ! Voulez-vous maintenant un trait de critique malicieuse d'un joyeux savant à propos de

(1) Correspondance, liasse 3, n° 17.
(2) Id. liasse 3, n° 20.

l'élévation d'un de ses confrères à de hautes fonctions universitaires ? Le voici : « J'avais « bien vu, écrit-il à M. Lecointre, j'avais bien « vu mon collègue faire des écoles. Mais les « diriger (1) !! » Nous pourrions multiplier les citations et esquisser d'autres portraits, car les dossiers que j'ai compulsés comprennent environ mille lettres, formant la correspondance d'environ cent trente signataires.

Disons tout de suite que, des diverses variétés de savants qui nous ont fourni les citations qui précèdent, M. Lecointre n'appartenait à aucune. La science était pour lui une amie et non une maîtresse ; il trouvait avec elle l'emploi de ses loisirs, et non l'absorption de son temps.

A l'époque où M. Lecointre, déjà membre de la Société des antiquaires de Normandie, quittait Alençon pour se fixer définitivement à Poitiers, un véritable mouvement de décentralisation scientifique commençait à s'opérer

(1) Correspondance, liasse 3, n° 120.

dans les provinces, et notamment en Poitou.

Déjà, la *Revue anglo-française*, fondée à Poitiers par M. de la Fontenelle, avait ouvert ses colonnes aux archéologues de la contrée (1). Peu après, la *Revue de numismatique*, dirigée par deux savants de premier ordre, MM. Cartier et de la Saussaye, fixait son siège à Blois et faisait appel à tous les numismatistes de la capitale et de la province. M. Lecointre fut des premiers à répondre à cet appel ; et bientôt il s'établit entre lui et MM. Cartier et de la Saussaye une correspondance aussi active qu'intéressante, et qui témoigne du grand cas que les directeurs de la Revue faisaient de M. Lecointre et de ses travaux.

Ce fut à cette même époque que, sous l'influence de ce mouvement scientifique, la Société des Antiquaires de l'Ouest fut fondée, dans les circonstances que nous allons rappeler.

(1) M. Lecointre a publié plusieurs articles dans cette Revue.

La Société des Antiquaires de Normandie, qui fut, avec M. de Caumont, la grande initiatrice des études archéologiques en province, comptait au nombre de ses membres les plus éminents, M. Mangon de la Lande, alors inspecteur des domaines dans le Calvados. Cet homme distingué fut nommé directeur de l'enregistrement à Poitiers et y arriva à la fin de 1833, au moment où le levain archéologique commençait à y fermenter.

Il existait déjà à Poitiers une Société fort ancienne et fort recommandable, particulièrement vouée aux études économiques et agricoles, mais qui, cependant, comprenait, pour partie, dans son programme, l'étude de l'histoire et de l'antiquité. C'était la Société, encore florissante de nos jours, connue sous le nom de Société académique d'agriculture, belles-lettres, sciences et arts. A dire vrai, la trop grande diversité des matières embrassées par le programme de cette Société ne laissait à l'archéologie qu'une faible place, et beaucoup de bons esprits, au nombre desquels était

M. Lecointre, pensaient que l'on pourrait créer une Société nouvelle, qui, sans nuire à son aînée, répondrait à un besoin réel en se consacrant exclusivement à la conservation des monuments, à leur étude et à celle de l'histoire. L'arrivée de M. Mangon de la Lande, propagateur aussi ardent qu'éclairé des sciences historiques, fut décisive. Il se forma autour de lui un groupe qui, après une bataille en règle au sein de la Société académique, finit par l'emporter, et c'est ainsi que fut résolue la création de la Société des Antiquaires de l'Ouest.

Quelques jours après cette séance, les 13 et 19 août, ce groupe, composé d'hommes divers par leurs aptitudes, mais unis par un commun amour pour la science, se réunissait chez l'un d'entre eux, M. du Puis-Vaillant, pour arrêter les statuts de la Société nouvelle. C'étaient MM : Mangon de la Lande, directeur de l'enregistrement ; de la Fontenelle de Vaudoré, conseiller à la Cour royale; du Puis-Vaillant, ancien officier de cavalerie ;

Jérémie Babinet et Cardin, anciens magistrats; Thibaudeau, vérificateur des poids et mesures ; Doussin de Lys, bibliothécaire de la ville ; Mazure, professeur de philosophie au collège royal; Foucart, professeur à la Faculté de droit ; Rédet, élève de l'École des Chartes et archiviste de la Vienne, et enfin M. Lecointre-Dupont, banquier. De ces onze fondateurs, M. Lecointre était le plus jeune, et, avec lui, a disparu, en septembre 1888, le dernier survivant d'entre eux.

A peine les statuts étaient-ils publiés, qu'il leur était répondu par de nombreuses et brillantes adhésions, au premier rang desquelles, celle du préfet de la Vienne, M. de Jussieu, qui, le 24 février 1835, obtenait pour la Société des Antiquaires de l'Ouest l'autorisation ministérielle et l'approbation officielle de ses statuts. Dès le 24 octobre, M. Maugon de la Lande, nommé président, inaugurait, dans une première séance (1), les travaux

(1) Bulletins de la Société des Antiquaires de l'Ouest, t. I, page 5. Mémoires, t. XXXIV, page 3.

d'une Société alors naissante, mais qui devait acquérir un si bon renom et une si grande force de vitalité.

M. Lecointre dut à sa spécialité de numismatiste l'honneur de la création du médailler de cette Société. Il y apporta tout son zèle et fut le premier ordonnateur de ce trésor scientifique qu'il enrichit et n'a cessé d'enrichir de ses dons. Il concourut aussi de sa plume, ausssi active que féconde, aux publications de cette Société qui s'est honorée de ses succès et des distinctions académiques que lui ont values ses ouvrages. C'est surtout à partir de 1840 que grandit la réputation de M. Lecointre comme archéologue et comme numismatiste, et c'est à cette brillante période de sa vie que nous allons consacrer le chapitre suivant.

CHAPITRE III.

M. LECOINTRE NUMISMATISTE.

Il n'entre point dans notre plan de donner ici la bibliographie de M. Lecointre. Ce travail a été fort bien fait par M. de la Bouralière, et on le trouvera dans le n° 58 de la *Revue poitevine et saintongeoise* (1). Quant à la présente notice, en tant qu'elle se rapporte aux écrits de M. Lecointre, elle n'a pour objet que de faire ressortir ceux d'entre ses ouvrages qui, par leur ampleur ou par leur éclat, lui ont valu son juste renom de savant et d'écrivain.

Nous devons dire, tout d'abord, que les études de celui dont nous écrivons la vie ne se sont pas exclusivement appliquées à la science vers laquelle il était attiré par un

(1) Nous reproduisons, à l'appendice de cette notice, page 147, la bibliographie faite par M. de la Bouralière.

sentiment de prédilection. Il a été historien aussi bien que numismatiste, et, d'autre part, ses travaux proprement archéologiques n'ont point été inférieurs à ceux qu'il a produits dans les autres branches de la science. Il y a donc, ici, un classement à faire parmi ses œuvres, et, pour procéder par ordre dans cette partie bibliographique de notre travail, nous commencerons par les publications sur les monnaies, donnant ainsi les honneurs de la priorité à ceux des travaux de M. Lecointre qui ont jeté les premiers fondements de sa réputation scientifique.

L'Essai sur les monnaies du Poitou, qui fut l'œuvre capitale de notre auteur et que publia la Société des Antiquaires de l'Ouest dans ses Mémoires, y parut en deux parties, l'une dans le volume de 1839, l'autre dans celui de 1840. Cet ouvrage fut très remarqué, non seulement comme le produit de recherches conscien-cieuses éclairées par une saine critique, mais encore comme la révélation d'une intelligence remarquable par l'originalité de ses conceptions (1). M. Lecointre émettait, en effet, avec un courage que n'ébranlait point la perspective certaine de la contradiction, des idées toutes nouvelles sur un point obscur de l'histoire monétaire. Il soutenait que les officiers monétaires, ces batteurs de monnaies qui signaient de leurs noms leurs produits barbares, avaient commencé leur grossière industrie immédiatement après l'époque où la chute de l'empire avait amené la cessation de la fabrication des monnaies impériales. Cette thèse étonna tout d'abord, car l'opinion générale ne faisait remonter les monétaires qu'à une époque moins ancienne. Elle fut donc discutée, mais cependant accueillie avec l'intérêt qu'appelaient un travail consciencieux et le caractère original des idées qui y étaient exprimées. D'ailleurs, l'auteur, avec un incontestable talent, avait su grouper, autour de son système, les preuves les plus scientifiques. Bref, après réflexion, il fallut se rendre, et les

(1) V. l'article de M. Cartier dans la Revue numismatique, année 1841, pages 410-415.

meilleurs esprits le firent avec une parfaite bonne grâce. C'est, au surplus, ce que vont nous apprendre certains passages de la correspondance que nous avons sous les yeux.

Voici ce qu'à la réception de l'Essai, écrivait à l'auteur, le 29 décembre 1840, M. de Saulcy, membre de l'Institut :

« C'est un intéressant travail dans toute la « force du terme ; un travail qui prend place « tout d'abord à la tête de toutes les mono- « graphies numismatiques qui ont paru jus- « qu'ici. J'ai lu, avec le plus vif intérêt, les « aperçus, entièrement neufs, que vous avez « développés, dans votre livre, sur la condi- « tion des officiers monétaires et sur l'époque « probable à laquelle l'existence de ces offi- « ciers doit être attribuée. En résumé, vous « venez de payer admirablement votre tribut « à la numismatique française, en élucidant « pour tous une de ses branches qui restent « encore dans l'obscurité (1).

(1) Corresp. liasse 6, n° 58.

Et, quelques jours après, le 23 janvier 1841, toujours sous l'impression de ce qu'il avait lu, M. de Saulcy reprenait la plume et écrivait à M. Lecointre :

« Plus je réfléchis à votre système sur les « monnaies des monétaires, et plus je suis « disposé à m'y rallier..... Du reste, si la pre- « mière partie de votre système est admise, « il faudra bien, je crois, finir par admettre « la seconde, car toutes les deux s'enchaînent « et se tiennent intimement (1). »

Ce n'était point un compliment banal que l'honorable académicien envoyait à l'auteur à titre de remercîment du livre qui lui était offert ; car, huit jours après, le 30 janvier 1841, il accentuait encore plus fortement son éloge, en écrivant à un tiers, M. Voillemiers, la lettre que voici :

« C'est une monographie excellente. « M. Lecointre-Dupont y émet des idées tout « à fait neuves sur les monétaires et propose

(1) Corresp. liasse 6, n° 51.

« d'admettre qu'ils ont immédiatement suc-
« cédé aux monnaies impériales. Franche-
« ment, je commence à croire qu'il a raison.
« Je vous engage fortement à faire tout ce
« qu'il vous sera possible pour vous procurer
« un exemplaire de ce livre. C'est un travail
« à lire avec grande attention et qui doit être
« dans toute bonne bibliothèque numismati-
« que (1). »

Un autre témoignage, non moins flatteur, devait arriver à M. Lecointre de son pays natal. Le 2 janvier 1841, le vénérable M. de Gerville lui écrivait de Normandie (2) :

« C'est à vous que je dois mon meilleur
« cadeau de l'an 40. Votre Essai sur les mon-
« naies du Poitou, que j'ai lu avec toute l'at-
« tention que je vous dois, a justifié la haute
« opinion qu'une correspondance, déjà éten-
« due, m'a donnée de vous. Je ne puis trop vous
« remercier et vous engage à persévérer dans la

(1) Corr. liasse 5, nº 52.
(2) Corr. liasse 3, nº 12.

« voie que vous parcourez avec tant de science « et de patience. »

Un autre jugement, également favorable, était porté sur cet ouvrage par M. Châlon, directeur de la Société royale de numismatique à Bruxelles. Il écrivait à M. Lecointre, le 8 octobre 1841 :

« Je m'empresse de vous remercier de « l'aimable obligeance que vous avez eue de « m'envoyer votre bel ouvrage sur les mon- « naies du Poitou. La possession de ce vo- « lume m'a causé d'autant plus de plaisir « que, depuis longtemps, j'avais fait en vain « des démarches pour me le procurer. Pour « un bibliophile (et j'ai le malheur de l'être « un peu), la rareté est sans doute un intérêt « considérable. Mais votre livre se recom- « mande par d'autres titres. Ce n'est pas « seulement un livre rare ; c'est un bon et « beau livre (1). »

Ces témoignages, que nous ne faisons que

(1) Corresp. liasse 3, n° 159.

citer entre plusieurs non moins honorables, encouragèrent les amis de M. Lecointre, et particulièrement M. Cartier, à lui conseiller de soumettre son ouvrage au jugement de l'Académie des inscriptions et belles-lettres, et à tenter l'épreuve du concours.

M. Lecointre résista d'abord, tant sa modestie répugnait à l'éclat ; toutefois il céda, mais en ne faisant qu'à moitié le nécessaire. Il se bornait, en effet, à envoyer son livre au secrétariat de l'Institut, sans exprimer le désir formel d'obtenir une récompense académique.

Cette réserve eut pour résultat d'ajourner le succès auquel l'ouvrage était destiné ; car, n'entendant point parler de son envoi, et s'étant enquis du sort de son livre, M. Lecointre reçut de M. Berger de Xivrey, à la date du 23 octobre 1841, la lettre que voici :

« L'Essai sur les monnaies du Poitou a été « envoyé avant l'époque fixée pour l'ouver- « ture du concours, mais sans manifestation « du désir qu'il fût admis au concours. Pour

« que l'ouvrage fût renvoyé à l'examen d'une « des commissions, juges des concours, il au« rait fallu, Monsieur, que votre lettre d'en« voi en exprimât l'intention. Aussi, dès que « l'Académie a su quel avait été votre désir. « elle a décidé que votre travail serait admis, « cette année, non point au concours de « numismatique qui, par le rappel des volontés « du fondateur, n'est ouvert désormais qu'à « la numismatique antique, mais au concours « des antiquités de la France pour l'année « 1842. Le secrétaire de cette commission « ne manquera pas de veiller à ce que ce « beau livre soit mis sous ses yeux en temps « utile (1). »

Il y avait, dans cette dernière phrase, de quoi réconforter les timides espérances du futur lauréat ; et, en effet, l'événement justifia le pronostic. Le 6 août 1842, M. Lecointre recevait de M. de la Saussaye la lettre suivante :

(1) Corresp. liasse 5, nº 156.

« En arrivant ici, j'ai appris avec grand « plaisir que votre excellent travail sur les « monnaies du Poitou devait être couronné « par l'Académie. Je veux, avant de partir « pour l'Allemagne, vous complimenter. J'en « ai causé avec M. Lenormand, qui a été le « rapporteur de votre travail et qui a provo- « qué la décision de l'Académie. Il croit que « vous viendrez à Paris, pour la séance pu- « blique de vendredi prochain, afin de rece- « voir votre prix. C'est l'usage ordinairement, « et, dans la crainte que vous ne le sachiez « pas, j'ai voulu vous en prévenir.... Si vous « ne pouvez pas venir à Paris, vous feriez « bien, je crois, d'écrire une lettre à M. Le- « normand, qui m'a dit tant de bien de votre « travail, dont le mérite, en effet, a milité seul « en votre faveur, car vous n'étiez entouré « d'aucune des recommandations que se « procurent assez ordinairement les concur- « rents (1). »

(1) Corresp. liasse 5, n° 94.

C'était assurément bien tentant pour l'amour-propre d'un auteur, que d'aller entendre son éloge, fait, par une voix magistrale, au sein de l'une des plus illustres académies du monde. Mais M. Lecointre était inaccessible à cette séduction. Il répugnait à sa modestie de se trouver en évidence et de recevoir publiquement et de face le feu des compliments académiques qu'il aurait à essuyer. Il n'alla donc point à Paris et se contenta de savourer, en famille, au milieu des siens, la joie de son succès.

On lui en fit d'aimables reproches. Le 22 août 1842, M. de Saulcy lui écrivait :

« J'eusse été ravi de vous voir venir à Paris « chercher en personne votre médaille acadé- « mique, parce que cette circonstance m'eût « procuré l'honneur de faire votre connais- « sance (1). »

Si les personnes étrangères à M. Lecointre s'intéressaient ainsi à ses succès, qu'en

(1) Corresp. liasse 5, n° 55.

devait-il donc être de ceux auxquels l'unissaient les liens de l'amitié ? Ecoutons M. de Gerville :

« Je ne puis, lui écrit-il le 2 septembre « de la même année, résister au plaisir de « vous dire combien j'ai été intéressé der- « nièrement, en lisant le travail de mon « savant ami, M. Lenormand (1), sur les « récompenses que l'Institut avait à décer- « ner sur les antiquités nationales. Il n'a pas

(1) Extrait du rapport fait à l'Académie par M. Ch. Lenormand :

« L'Académie, qui décerne, tous les ans, un prix de numismatique, a exclu du concours spécial tous les ouvrages qui se rapportent à la partie moderne de cette science. Cela n'empêche pas que l'Académie n'accueille un bon mémoire sur une question de numismatique française avec l'intérêt qu'elle mérite, et qu'elle ne s'empresse de montrer le prix qu'elle attache aux travaux de cette nature, quand ils réunissent, comme l'ouvrage de M. Lecointre-Dupont, une parfaite exactitude à un solide jugement. Au reste, le sujet choisi par M. Lecointre était un des plus riches et des plus heureux de la matière. Le monnayage du Poitou a été d'une haute importance sous les rois de la dynastie carlovingienne. M. Lecointre-Dupont a très bien traité cette question intéressante. Il a su fondre partout, avec bonheur, la numismatique et l'histoire. Son livre n'est point une sèche nomenclature, mais un traité nourri de faits rapprochés avec justesse. »

« eu de peine à me faire sentir le prix de « celui que vous m'aviez envoyé naguère « sur les monnaies du Poitou. Je n'avais « jamais été plus content de cet homme, si « bon juge de tout ce qui a rapport à la nu- « mismatique (1). »

Il ne nous reste rien à ajouter à ce concert d'éloges, sinon que, suivant le pronostic de M. de Saulcy, l'Essai sur les monnaies du Poitou est devenu, en quelque sorte, un livre classique et qu'on le trouve dans toutes les bonnes bibliothèques numismatiques de la France et de l'étranger. C'est ce qui ressort d'une lettre de M. Bardonnet du 10 mai 1872, de laquelle nous détachons ce passage :

« Je vous prie d'agréer tous mes remer- « ciements pour les trois ouvrages que vous « avez bien voulu m'adresser, particulière- « ment pour votre *Essai*, dont l'éloge m'avait « été fait partout, *jusqu'au musée britanni-* « *que* (2). »

(1) Corresp. liasse 3, n° 19.
(2) Corresp. liasse 1, n° 14.

Un tel succès était assurément un encouragement à de nouvelles études, et M. Lecointre songea à payer à sa terre natale le même tribut qu'à son pays d'adoption. Ses amis l'engagèrent fortement à donner suite à cette idée : « Je suis très heureux, lui écrivait M. de Ger-« ville le 23 février 1843, de voir l'histoire « monétaire de notre province en aussi bonnes « mains que les vôtres (1). »

Le travail de M. Lecointre était déjà très avancé, et sa première lettre sur les monnaies normandes allait être publiée, lorsqu'une communication, qu'il reçut de Saint-Lô, lui fit craindre d'aller sur les brisées d'un numismatiste déjà en possession du sujet qu'il s'était proposé de traiter. Il communiqua ses scrupules à M. de Gerville qui, le 13 mai 1843, le rassura par la lettre que voici :

« L'archiviste m'a dit qu'il était bien fâ-« ché de vous avoir parlé de M. L... et de ses « recherches sur les monnaies de Saint-Lô,

(1) Corresp. liasse 3, n° 22.

« si cela pouvait vous empêcher de vous en « occuper pour votre compte. M. L... com« mence beaucoup de recherches qu'il ne ter« mine pas, et il serait fâcheux que, pour une « éventualité aussi incertaine, la Normandie « pût être privée de vos recherches si inté« ressantes. Pour nous, en particulier, nous « serions très affligés d'avoir pu, même indi« rectement, contribuer à une résolution « dont nous serions les premières victimes, et « nous nous réunissons pour vous conjurer « de ne pas y persister (1). »

Devant ces observations si obligeantes, et en même temps si pressantes, M. Lecointre n'insista plus et commença la publication de ses lettres normandes.

Cette publication était destinée à la Revue de numismatique française, laquelle, ainsi que nous l'avons déjà dit, s'imprimait à Blois et avait pour directeurs deux savants de premier mérite, MM. Cartier et de la Saussaye.

(1) Corresp. liasse 3, nº 23.

La place importante occupée par ces deux savants dans la correspondance et dans l'intimité de M. Lecointre nous fait un devoir de tracer, en quelques mots, leurs portraits.

M. Cartier, véritable savant, mais Gaulois par l'esprit et à la verve humoristique et un peu railleuse, réalisait avec une science plus sûre et avec plus de finesse, le type immortel créé par Walter Scott dans son antiquaire. Comme Monckbarns, il aimait foncièrement ses amis, mais à sa manière, leur décochant, çà et là, de petits traits qui n'allaient qu'à l'épiderme, et qu'il ne leur épargnait pas, tant son cœur avait conscience de leur innocuité. On en riait même en les recevant, et nul ne songeait à lui en vouloir, tant au fond son cœur était bon et tant sa verve était amusante. Chacun l'aimait et chacun faisait des vœux, suivant l'expression de M. de la Saussaye, pour que Dieu « conservât longtemps sa verte et malicieuse vieillesse (1). » M. Cartier

(1) Corresp. liasse 5, n° 100.

aimait beaucoup M. Lecointre, avec lequel il entretenait très activement une correspondance dans laquelle les lettres, sans marges, étaient remplies, sans un seul blanc, d'une écriture fine et serrée. Les lettres de M. Cartier sont fort intéressantes. On y rencontre, à la fois, la science communicative du savant enthousiaste, la verve spirituelle du chroniqueur et le cœur de l'ami. Rien n'est amusant, dans ces lettres, comme sa diplomatie de collectionneur ardent, tenace et habile dans l'art des insinuations. « Est-ce que vous ne devriez « pas m'envoyer votre *denier de Montluçon ?* « écrit-il à M. Lecointre, dans sa lettre du 28 « juillet 1840. Il me semblait que cela fût « formellement convenu, lorsqu'à mon grand « regret je vous cédai mon denier *Mauléon.* « Examinez votre conscience et exécutez-« vous (1). »

Nous rencontrons aussi, dans cette correspondance, toute une campagne diplomatique

(1) Corresp. liasse 3, n° 14.

entreprise par M. Cartier, avec l'entremise de M. Lecointre, à propos d'un certain *Saint-Martin*, pièce de monnaie rarissime faisant partie du médailler de M. l'abbé de Béchillon.

Le 8 août 1842, M. Cartier écrivait à M. Lecointre :

« J'ai écrit à M. de Béchillon une oraison
« magnifique pour émouvoir ses entrail-
« les (1). »

Puis toute une série de lettres où les entrailles de M. de B... sont encore mises sur le tapis (2).

Enfin, sur l'intervention de M. Lecointre, M. l'abbé de Béchillon consent à la communication de son Saint-Martin, et dans une lettre du 26 mars 1843, M. Cartier entonne un chant d'allégresse, mais non sans un certain mélange de mélancolie :

« J'ai enfin le Saint-Martin de M. de Béchil-
« lon. Il est malheureusement bien fruste ;
« mais c'est une pièce des plus intéressantes

(1) Corresp. liasse 3, n° 38.
(2) Corresp. liasse 3, n°s 41 et suivants.

« de mon histoire monétaire. Il y a de l'in-
« humanité à M. l'abbé de m'en refuser la
« cession. Je vais tenter un dernier effort, et
« j'ai toujours pris acte de sa promesse de ne
« la céder à aucun autre qu'à moi (1). »

Apparemment que ce dernier effort fut impuissant, car la lettre de M. Cartier du 24 août suivant n'est qu'un long cri de désespoir :

« Quant au féroce abbé de Béchillon, dit-il,
« il faudra certainement une missoin, un ju-
« bilé, un tremblement de terre ou l'approche
« du choléra pour l'amener à des sentiments
« plus humains à l'endroit de mon Saint-
« Martin (2). »

Nous ignorons si quelqu'un des événements invoqués par M. Cartier amollit, selon son désir, le cœur de M. l'abbé de Béchillon ; mais, quel qu'ait été le résultat de ses conjurations, il est certain que si la résistance de M. l'abbé fut héroïque, l'assaut que lui donna M. Cartier ne le fut pas moins.

(1) Corresp. liasse 3, n° 46.
(2) Corresp. liasse 3, n° 51.

Si chers que fussent à M. Cartier les intérêts de sa collection, ils le lui étaient encore moins peut-être que ceux de la Revue dont il était le fondateur. Incessamment il entretenait M. Lecointre des difficultés matérielles d'une publication qui, si substantiel qu'en fût le fond et si distinguée qu'en fût la forme, ne s'adressait, à raison même de la sphère étroite de sa spécialité, qu'à un petit nombre de lecteurs, et par conséquent, d'abonnés. M. Lecointre rendit à la Revue de grands services et ne contribua pas peu à calmer les inquiétudes de M. Cartier, qui redoutait pour sa Revue l'époque plus ou moins prochaine où M. de la Saussaye, son collaborateur, serait élevé, par l'élection, aux honneurs du fauteuil académique. Dans une lettre écrite à M. Lecointre le 24 août 1843, il traduit à ce sujet, sur un ton plaisant, des préoccupations sérieuses.

« Je ne suis pas inquiet de la Revue, dit-il, « tant que M. de la Saussaye ne sera pas « académicien titulaire ; mais, après, gare à

« l'influence soporifique des fauteuils (1). »

La Revue dura 20 ans, de 1836 à 1856, et mourut, en effet, de l'abandon de M. de la Saussaye, qui, devenu recteur, avait d'autres devoirs à remplir. M. Cartier ne survécut que de trois ans à sa chère Revue. Il mourut, en effet, en 1859, à quelques mois de distance d'une lettre touchante que, le 12 juin 1858, il écrivait à M. Lecointre, et qui se terminait ainsi :

« Il faut savoir se résigner. Dieu m'a traité « jusqu'à 78 ans avec trop d'indulgence. Il est « bien juste que je paye un peu mes dettes « avant le terme fatal du terrible compte à « rendre (2). »

M. de la Saussaye, collaborateur de M. Cartier, contrastait avec lui par plus d'un point. M. Cartier était absolument un savant. M. de la Saussaye l'était également, mais avec toutes les séductions et avec tout le charme de l'homme du monde. Comme M. Cartier, il

(1) Corresp. liasse 3, n° 51.
(2) Corresp. liasse 3, n° 123.

aimait la science ; mais il l'aimait d'une passion moins désintéressée. La science, qui était pour M. Lecointre une religion et pour M. Cartier un fanatisme, était pour M. de la Saussaye une carrière. Il n'était nullement indifférent aux perspectives que lui offraient, à juste titre, des talents aussi distingués que les siens. La diversité de ses aptitudes le destinait d'ailleurs non seulement aux honneurs académiques, mais encore aux avantages plus substantiels d'une haute situation universitaire dans laquelle il eut le don de faire aimer, autant que respecter, l'autorité. Son passage au rectorat de Poitiers, durant lequel se resserrèrent les liens déjà formés entre lui et M. Lecointre, a laissé des souvenirs que les Poitevins n'ont point oubliés.

Tels étaient donc les deux savants qui dirigeaient la Revue dans laquelle M. Lecointre allait publier les lettres, déjà si impatiemment attendues par les savants du pays normand.

La première de ces lettres avait été tout d'abord communiquée à M. Cartier, qui lui avait fait un accueil enthousiaste. Le 21 août 1843, l'auteur recevait de lui la lettre suivante (1) :

« J'ai maintenant à vous exprimer tout le « plaisir que m'a fait éprouver la dernière « partie de votre lettre qui renferme des « observations si intéressantes et si neuves. « Toutes vos idées me paraissent très justes, « et comme elles émanent d'un observateur « aussi habile que consciencieux, je crois qu'il « importe beaucoup, pour tous les amis de la « science, qu'elles soient publiées le plus tôt « possible. Je ne peux donc que vous encou- « rager à donner suite à votre projet et à « mettre au net le mémoire intéressant dont « vous me parlez. »

M. Cartier pressait donc M. Lecointre de hâter l'impression de son travail. M. de la Saussaye n'était pas de cet avis. Voyant les choses par le côté pratique, il estimait plus

(1) Corresp. liasse 2, n° 51. Voir aussi l'article de M. Cartier dans la Revue numismatique, année 1846, pp. 410-415.

conforme aux intérêts de M. Lecointre de retarder cette publication : « Je ne sais pas, « écrivait-il le 26 août 1843, pourquoi l'on vous « presse tant. Il vous sera difficile d'obtenir « une médaille deux années de suite, et vous « en seriez sûr l'an prochain (1). »

Le conseil était bon ; mais M. Lecointre n'était pas ambitieux, et, d'ailleurs, il était pressé par M. Cartier qui, dans l'intéret de sa Revue, était impatient de donner à ses lecteurs cette nouveauté. Les lettres furent donc publiées, en trois années, dans plusieurs numéros de la Revue, et réunies ensuite en un volume qui parut, en 1846, sous le titre de *Lettres sur l'histoire monétaire de la Normandie et du Perche.*

A peine publiées, les lettres normandes firent, dans le monde savant, la même sensation que l'*Essai.* Un juge excellent, M. de la Sicotière, écrivait, en 1846, à l'auteur la lettre de félicitations que voici :

(1) Corresp. liasse 5, n° 89.

« Je n'ai reçu qu'il y a peu de jours votre « précieux envoi. Je ne saurais trop vous en « remercier. Vos lettres sur la numismatique « normande et percheronne prendront place à « côté de votre beau travail sur les monnaies « du Poitou et peut-être vous mériteront-elles « une semblable distinction. Vous marquez « tout ce que vous touchez d'un caractère « de conscience et d'intérêt tout parti- « culier (1). »

Les félicitations de M. de Gerville ne se firent point attendre :

« Avant de répondre à votre lettre, j'ai « voulu avoir lu votre travail sur les mon- « naies de notre province. Le livre des mon- « naies normandes était scellé jusqu'à ce « jour, à vous seul il appartenait de l'ou- « vrir (2). »

Et dans une autre lettre :

« Votre travail, écrit-il, est un chef-d'œuvre

(1) Corresp. liasse 6, n° 97.
(2) Corresp. liasse 3, n° 16.

« de patience, de persévérance et de saga-
« cité (1). »

« Votre travail est neuf et précieux », écrivait aussi à son ancien confrère de la Société des Antiquaires de l'Ouest, le vénérable M. Mangon de la Lande qui, de Poitiers où il avait atteint l'âge de la retraite, était allé se fixer en Normandie (2).

Les témoignages que nous venons de citer étaient d'autant plus agréables à M. Lecointre, qu'ils lui venaient de son pays d'origine et de savants qui, ayant étudié comme lui les monnaies normandes, étaient plus compétents qu'aucuns autres pour juger sa monographie (3).

Accueilli par le public avec la même faveur que l'Essai, ce travail ne fut cependant pas couronné par l'Institut, et la raison en avait été prévue par le passage de la lettre de M. de

(1) Corresp. liasse 3, n° 24.
(2) Corresp. liasse 4, n° 60.
(3) M. de Caumont avait également applaudi à son travail. Voir sa lettre du 21 août 1843, liasse 3. n° 143.

la Saussaye que nous avons déjà cité (1). Mais si l'Académie ne jugea pas pouvoir, à si courte distance, décerner deux couronnes à M. Lecointre, celui-ci dut en être consolé par la lettre si flatteuse que, le 8 juin 1847, lui écrivit M. Berger de Xivrey : — « La part que vous prenez « à nos concours, Monsieur, lui disait-il, est « toujours des plus substantielles, et votre nom « est un de ceux qui autorisent, tout d'abord, « un préjugé favorable. On ne peut jamais « savoir quel jugement comparatif méritera le « plus ou moins de richesses des concours. Mais « on peut être assuré que comme certaines « rêveries incorrigibles peuvent être appréciées « à l'étiquette du sac, de même, à l'inverse, « certains travaux, aussi solides que persévé- « rants, ne peuvent être jugés qu'avec estime « et considération, avec l'expression d'une « sympathie réelle (2). »

Le lecteur nous pardonnera d'avoir multi-

(1) La présentation de ce travail à l'Institut motiva cependant un rappel de médaille.

(2) Corresp. liasse 5, n° 157.

plié les citations dans ce chapitre. Mais nous avons pensé que les jugements qu'elles rapportent auraient, auprès de lui, plus d'autorité que nos appréciations personnelles, et qu'elles représenteraient plus au vif que nous ne saurions le faire nous-même, la figure scientifique de M. Lecointre considéré comme numismatiste.

CHAPITRE IV.

M. LECOINTRE HISTORIEN.

Nous avons vu, dans le chapitre précédent, que c'est surtout à l'ingéniosité de ses aperçus historiques que M. Lecointre avait dû les grands succès obtenus par ses travaux de numismatiste.

Il possédait, en effet, admirablement bien l'histoire, et sa conscience de savant, toujours en quête de lumières nouvelles, allait frapper à toutes les portes où elle espérait trouver la certitude qui rassure, et le document inédit qui éclaire. C'est ainsi qu'il amassa, dans les recherches qu'il fit non seulement dans nos biliothèques nationales, mais encore dans celles d'Angleterre, un trésor d'informations qui lui permit de traiter, avec une compétence toute particulière, certains épisodes de l'histoire de l'occupation du Poitou par les Anglais, sujet auquel il intéressa particulièrement sa plume.

C'est de ces études approfondies que sortirent, en 1845, son Histoire de Jean sans Terre et son Mémoire sur le miracle des clés.

L'Histoire de Jean sans Terre est, assurément, le plus important travail historique de M. Lecointre ; c'est l'œuvre d'un lettré autant que d'un savant. Le style en est vif et coloré, sans cesser d'être grave. Dans ce récit, on voit se dérouler, avec un intérêt croissant, tous les actes du règne de l'odieux tyran qui, traître envers son frère, bourreau de son neveu, gorgé de sang et de débauches, ne se réveilla des voluptés où il s'était assoupi que pour se voir chasser de France par la haine de ceux qui l'avaient servi, autant que par les armes de ceux qui l'avaient combattu.

Nous n'avons que l'embarras du choix pour emprunter à l'œuvre de M. Lecointre des citations heureuses. Le lecteur nous saura gré d'en extraire trois portraits tracés de main de maître.

Voici celui de Jean sans Terre :

« Brave et heureux parfois dans de hardis « coups de main, Jean n'avait point un esprit « de suite, une constance de courage, une « fermeté de résolution, capables de surmon- « ter les difficultés qu'un ennemi habile avait « semées devant lui. Son cœur s'effrayait à la « vue de cette longue suite de sièges qu'il « fallait entreprendre. Les lenteurs de ces « opérations militaires, les préparatifs qu'elles « demandent, les combinaisons qu'elles exi- « gent, ne convenaient point à cet esprit indo- « lent, ennemi de toute application, et, soit « défiance de ses capitaines, et pourtant Jean « comptait dans son armée nombre de guer- « riers expérimentés, soit plutôt ambition de « tout faire par lui-même, ambition si com- « mune chez les âmes faibles qui ne savent « point prévoir et diriger, il lui répugnait de « confier à un autre le soin d'une expédition

« qu'il ne voulait pas commander lui-
« même (1). »

Et, plus loin, l'auteur cite ce trait de caractère :

« Tous les jours, cependant, arrivaient à sa
« cour les nouvelles de désastres successifs.
« — Le *roi de France*, disaient les messagers,
« *est entré sur vos terres ; il a pris telles et telles*
« *forteresses ; il emmène vos châtelains igno-*
« *minieusement attachés à la queue de ses*
« *chevaux ; rien ne lui fait obstacle ; il dis-*
« *pose, à sa guise, de vos possessions.* —
« *Laissez-le faire*, répondait Jean sans Terre ;
« *tout ce qu'il m'enlève ainsi, je saurai bien*
« *le lui reprendre un jour.* » Et on ne pouvait
« tirer de lui d'autre réponse (2). »

Voici maintenant le portrait de Blanche de Castille, parente de Jean, la sainte jeune femme qui devait être la mère de saint Louis et que M. Lecointre nous présente au moment

(1) Histoire de Jean sans Terre, p. 53.
(2) Histoire de Jean sans Terre, p. 71.

où, amenée d'Espagne par Aliénor d'Aquitaine, elle devient l'épouse de Louis VIII, fils de Philippe-Auguste :

« Les assauts d'armes commencèrent dans « cette île. Blanche présidait à ces luttes « guerrières, qui faillirent être funestes à son « jeune époux. Elle comptait à peine quatorze « ans ; mais sa taille élevée, son maintien « digne et majestueux, la blancheur éblouis- « sante de ses traits, miroir fidèle de « l'innocence et de la beauté de son cœur, la « douceur mélancolique de son visage, qui ne « portait point encore ce quelque chose « d'inquiet et de sévère que les ans et les « soucis du trône devaient plus tard imprimer « sur son front, tout en elle commandait « déjà l'admiration et le respect (1). »

D'un coup de pinceau non moins flatteur, mais avec une nuance de sévérité, l'auteur fait le portrait de la jeune fille qui, infidèle à ses amours, devait trahir, pour la couronne

(1) Histoire de Jean sans Terre, p. 27.

du roi Jean, la foi promise à Hugues de Lusignan.

« Cependant, poursuit M. Lecointre, ce « n'était peut-être pas à Blanche que s'adres-« saient le plus d'hommages et de regards. A « côté d'elle, brillait, parmi les dames de sa « suite, une jeune fille d'Aquitaine, aux grands « yeux noirs, au ravissant sourire. Couverte « d'un léger chapeau de feutre en poil de « chameau le plus fin, vêtue de *l'aiot* « d'Aquitaine, ample tunique à manches « tombantes, qui serpentait en longs replis « derrière elle, à peine semblait-elle avoir « douze ans, quoique bientôt elle eût atteint « la quinzaine, tant ses grâces paraissaient « enfantines et naïves, tant son teint de roses « conservait encore la délicatesse du premier « âge de la vie. C'était Isabelle Taillefer, fille « et seule héritière d'Aymer comte d'Angou-« lême. Dès ses jeunes ans destinée par Richard « à cimenter, après des querelles séculaires, la « paix entre les deux maisons de Lusignan et « d'Angoulême, elle avait grandi, loin des soins

« et des conseils d'une mère, dans le manoir du « vieux comte de la Marche, et fiancée à son « fils, elle avait reçu la foi du jeune Hugues « de Lusignan et lui avait donné la sienne, « et on attendait qu'elle devînt nubile pour lui « faire renouveler ses serments à la face des « autels.

« Sans doute, sous les dehors de cette enfant « gâtée, on pouvait démêler déjà un esprit « étroit et déréglé, un cœur sec, impérieux et « altier, et des désirs immodérés de plaisirs et « d'honneurs. Sans doute son âme ambitieuse « et jalouse laissait déjà percer la haine qu'elle « devait nourrir jusqu'à la mort contre la « jeune princesse que l'hymen plaçait sur les « marches du trône ; sans doute aussi le « rusé monarque de France devina ce que « serait Isabelle et ne prévit que trop « bien tous les maux que cette nouvelle « Hélène pourrait attirer sur son ancien « ennemi.

— « Par la lance de saint Jacques, lui « disait-il, si j'avais en mes États si gente

« pucelle, mienne serait et point n'irait à « d'autres (1). »

Jean sans Terre ne devait que trop l'écouter pour son bonheur.

De la lecture de ces passages il est aisé de conclure qu'avec la valeur de la vérité en plus, l'histoire de Jean sans Terre peut avoir, pour le lecteur, suivant l'expression de M. Richard (2), tout l'intérêt du roman. On retrouve les mêmes qualités d'agencement et de style dans le récit des batailles, si fréquentes durant l'occupation du Poitou par les troupes de Jean sans Terre, dans l'exposé finement étudié de l'astucieuse politique de Philippe-Auguste et dans l'émouvant récit de l'assassinat du jeune Arthur. Notre impression est que, dans cet ouvrage, M. Lecointre s'est surpassé.

Mais ce n'est pas seulement par les qualités du style que se recommandent les travaux

(1) Histoire de Jean sans Terre, pages 27, 28 et 29.

(2) Article nécrologique publié par M. Richard dans la Revue numismatique, 3e série, tome VII, 1er trimestre 1889, page 149.

historiques de M. Lecointre; sa qualité dominante est la sincérité. C'était, en matière de science, un esprit indépendant, aux libres allures, trop fier pour subir le servilisme des opinions toutes faites, et trop consciencieux pour se contenter d'une érudition de seconde main. Dans ses informations, il allait toujours droit aux sources, et non aux canaux où leurs eaux sont dérivées par des mains parfois infidèles. Dans la sincérité de sa critique, il ne craignait pas de se heurter à des traditions que sa foi chrétienne lui rendait d'ailleurs profondément respectables. C'est ainsi que, dans son Mémoire sur le miracle des clés, il se livre à une critique historique des plus intéressantes, non sur le miracle en lui-même, qu'il ne conteste pas, mais sur la date que la tradition lui assigne et sur le caractère de l'agression dont les saints protecteurs de la ville l'auraient préservée. Selon lui, ce ne serait point un fait de guerre des Anglais, mais l'attaque, sans mandat, d'une horde de routiers, ayant jadis fait partie de l'armée de Jean sans Terre, qui aurait menacé la ville de Poitiers du péril dont, en sauvant ses clés détournées par une main infidèle, l'aurait délivrée l'intervention miraculeuse de la sainte Vierge, de sainte Radegonde et de saint Hilaire.

L'histoire de Jean sans Terre et la notice sur le miracle des clés ont été publiés dans le volume de l'année 1845 des Mémoires de la Société des Antiquaires de l'Ouest. En 1846, ils ont été réunis en une seule brochure, ce qui était parfaitement logique, car ces deux écrits se rattachent à l'histoire du même règne et se complètent l'un par l'autre.

Nous nous bornerons à citer diverses autres publications historiques de M. Lecointre, telles que ses notices sur la légende de saint Julien le pauvre (1838), sur Philippe, trésorier de Saint-Hilaire (1843), et sur Pierre Desroches, autre trésorier du même chapitre (1868). Nous y retrouverons les qualités d'érudition et de style propres à M. Lecointre, qualités dont il n'a cessé de donner des marques durant tout le cours de sa vie, et que n'altérèrent point les années. C'est, en effet, dans sa vieillesse, et au milieu des atteintes du mal qui, à courte échéance, devait l'enlever à sa famille et à ses amis, qu'il produisit le travail historique et épigraphique intitulé *l'Hypogée des Dunes à Poitiers*.

Le rappel des circonstances dans lesquelles M. Lecointre fut amené à publier cet écrit nous paraît nécessaire.

Lorsqu'en 1878 une caserne de cavalerie fut construite, à Poitiers, sur le plateau des Dunes, les travaux de fouilles mirent à jour un grand nombre de sépultures gallo-romaines. Cette découverte ne fut pas d'un intérêt immédiat pour les collections locales, car le mobilier de ces sépultures appartenait à l'État et n'enrichit que ses propres musées. Mais elle eut l'avantage de donner l'éveil au R. P. de la Croix, qui s'empressa d'acquérir le terrain circonvoisin, dont le nom était plein de promesses, puisqu'une tradition, dont l'origine se perdait dans la nuit des temps, l'appelait le *Champ des Martyrs* et désignait de même le chemin qui le desservait. Le résultat des fouilles pratiquées par le savant Jésuite dépassa même toutes les espérances, en mettant à découvert un monument de l'époque mérovingienne dont M. le commandeur de Rossi a dit qu'il est *unique en France* (1). Nous voulons parler de l'édicule souterrain devenu célèbre sous le nom d'*Hypogée Martyrium*. A l'intérieur de ce petit édifice se trouvaient, entre autres détails intéressants, de grossières sculptures et peintures et des inscriptions, au nombre desquelles en était une portant l'indication de 72 martyrs.

Ces martyrs étaient-ils poitevins, et leurs restes avaient-ils été retirés, longtemps après leur immolation, d'une fosse commune et recueillis par un certain *Mellebaude*, puis déposés par la piété de ce personnage dans

(1) « Siffato ipogeo è unico in Francia. » Allocution de M. le commandeur de Rossi, en présentant à l'Académie le travail du P. de la Croix ayant pour titre : *Monographie de l'hypogée Martyrium de Poitiers*, allocution reproduite *in extenso* dans l'*Hypogée des Dunes de Poitiers*, par M. Lecointre.

le monument qui, ainsi que nous l'apprend une autre inscription, avait été construit par ses soins pour sa propre sépulture ?

Ou bien, au contraire, l'inscription ne se rapportait-elle qu'à des *pignora* venus de Rome et appartenant aux restes des 72 soldats du groupe des saints *Chrysante et Darie?*

Le R. P. de la Croix, dans l'ouvrage important qu'il publia sur sa découverte (1), soutint avec énergie que ces martyrs avaient subi leur supplice à Poitiers, et que leur immolation devait être reportée au temps de l'un des règnes des empereurs Dioclétien ou Maximien. Il insistait particulièrement, à l'appui de sa thèse, sur la tradition locale qui assigne au théâtre même de sa découverte les noms significatifs de Champ et de Chemin des Martyrs.

M. l'abbé Duchesne, dont on ne saurait méconnaître l'autorité en matière de critique

(1) Monographie de l'Hypogée Martyrium de Poitiers, par le R. P. de la Croix.

historique, combattit vivement cette thèse et, à l'appui de l'opinion contraire, il invoqua le silence des Martyrologes sur un fait aussi considérable dans l'histoire des Gaules occidentales que l'eût été le massacre de 72 martyrs dans la capitale du Poitou. Une lutte très vive, dans laquelle le savant bénédictin dom Chamard (1) et Mgr Barbier de Montault (2) prirent parti pour le Père de la Croix, s'engagea alors, et M. le commandeur de Rossi, qui, loin des lieux, ne pouvait juger le procès que sur pièces, parut opiner dans le sens de M. l'abbé Duchesne.

Ce fut alors que les très sincères admirateurs de la science et de l'esprit pénétrant et ingénieux de M. Lecointre l'invitèrent à intervenir dans le débat, et à porter, sur la cause des 72 martyrs, un jugement auquel on savait d'avance que présiderait une conscience éclairée par un examen judicieux et approfondi.

C'est donc, en quelque sorte, une sentence

(1) L'Hypogée des Dunes de Poitiers, par dom Chamard.
(2) Martyrium, par Mgr Barbier de Montault.

d'arbitre qu'a rendue M. Lecointre, en écrivant, sous forme de lettre à M. de Rossi, la dissertation dans laquelle il a porté l'attaque sur les sources mêmes où M. l'abbé Duchesne a puisé les éléments de sa discussion. Il le combattit avec les armes d'une logique fine et serrée qui, n'eût-elle pas l'heur de convaincre, témoignait, en tout cas, de la vigueur d'esprit que conservait encore M. Lecointre, au milieu des souffrances et à si courte distance de sa mort. Cependant cette discussion, que, pour notre part, nous serions disposé à considérer comme concluante, ne convainquit pas M. de Rossi, ainsi qu'il résulte de sa réponse à M. Lecointre, réponse que celui-ci a eu la loyauté de publier à la suite de son propre travail.

Quoi qu'il en soit, ce procès mémorable, où l'on serait tenté de dire que chacun a plaidé pour ses saints, est encore pendant et nous laisse le droit d'affirmer que M. Lecointre a tout fait pour prouver que les vraisemblances sont en faveur de la cause poitevine.

CHAPITRE V.

M. LECOINTRE ET LA SOCIÉTÉ DES ANTIQUAIRES DE L'OUEST.

C'est à dessein que nous donnons ce double titre à ce chapitre, car le nom de M. Lecointre et celui de la Société des Antiquaires de l'Ouest sont, en quelque sorte, inséparables. Si, en effet, M. Lecointre a été, avant tout, l'homme de la famille, et s'il a concentré ses affections et ses sollicitudes dans le cercle que lui limitaient ses devoirs d'époux et de père, il ne s'en est pas moins créé, en dehors de cette sphère privilégiée, une autre famille, sa famille scientifique, où il a trouvé des affections désintéressées et des satisfactions sans mécomptes.

Cette famille était la Société des Antiquaires de l'Ouest.

Les débuts de cette Société ne furent pas ceux d'une nouvelle venue qui cherche sa voie et dont les pas sont encore incertains. Consciente de sa force, elle était sûre d'elle-même, et il n'en pouvait être autrement, car, à aucune autre époque de son existence, elle ne réunit une plus grande somme de science et d'intelligences d'élite. Avec des travailleurs tels que Nicias Gaillard, de la Fontenelle, de la Liborlière, Mangon de la Lande, Foucart, Ménard, Bourgnon de Layre, l'abbé Cousseau, l'abbé Auber, de Chergé et Lecointre-Dupont, on peut dire qu'à l'instar de Minerve, une institution est déjà toute armée au moment même de naître.

A peine la Société des Antiquaires de l'Ouest avait-elle publié ses premiers volumes de Bulletins et de Mémoires, qu'elle était déjà classée au premier rang des Sociétés de province, ainsi qu'en témoignent les encouragements et les félicitations exprimées dans de nombreux passages de la correspondance que nous avons compulsée.

De cette correspondance, nous extrairons, comme particulièrement significatifs, les éloges émanés de M. Cartier, éloges d'autant plus précieux que ce critique, généralement sévère, n'avait pas pour coutume de les prodiguer.

Dès 1840, le 27 septembre, le fondateur de la Revue numismatique rendait compte, en ces termes, de l'impression favorable qu'il avait reçue du volume alors récemment publié par la Société des Antiquaires de l'Ouest :

— « Recevez mon compliment sur votre « volume. Il est très beau et très bien. La « Société des Antiquaires de l'Ouest se dis- « tingue, certainement, par ses publications « et l'emporte sur toutes les autres (1). »

Cette impression n'est pas seulement celle de la première heure. Elle se fortifie, d'année en année, dans les appréciations de ce savant.

« J'ai saisi, écrit-il le 24 mai 1844, « l'occasion de faire les honneurs de la Société

(1) Corresp. liasse 3, n° 17.

« et de ses Mémoires qui sont, réellement, au-
« dessus de toutes les publications de ce
« genre (1). »

Le 16 février 1845, M. Cartier fils, renchérissant encore sur les félicitations de son père, écrivait :

« Les Mémoires de votre Société sont, sans
« aucune contestation, les mieux composés
« et les plus solides de France. Je les lis
« toujours avec empressement, lorsque je
« vais à Amboise (2), et j'aurai un véritable
« plaisir à entrer en communication avec
« leurs auteurs. »

Même témoignage de M. Cartier père en faveur des volumes de 1844 et 1845 :

— « J'ai lu et relu votre volume, écrit-il
« le 26 juin 1846, et j'en suis on ne peut plus
« satisfait (3). »

Plus tard, le 7 janvier 1847, M. de Barthélemy écrivait à M. Lecointre :

(1) Corresp. liasse 3, n° 54.
(2) Corresp. liasse 3, n° 65.
(3) Corresp. liasse 3, n° 76.

« Je fais des vœux sincères pour que « les Antiquaires de l'Ouest conservent le « rang qu'ils ont si bien gagné et qu'ils gar- « deront, s'ils le veulent (1). »

Enfin, rendant justice à qui de droit, en attribuant à M. Lecointre la plus grande part des succès de la Société des Antiquaires de l'Ouest, M. Cartier écrivait, le 23 avril 1847 :

« Votre volume de 1846 est encore fort « bon, grâce à vous. Votre mémoire sur Jean « sans Terre est excellent. Vous êtes vraiment « la providence de la Société des Antiquaires « de l'Ouest (2). »

Quiconque a vécu dans l'agréable commerce d'une Société scientifique s'attache à elle, moins à raison des avantages qu'elle lui procure, qu'en proportion des services qu'il lui rend. On comprend que la grande part prise par M. Lecointre dans les succès de l'œuvre collective ait formé, entre lui et la

(1) Corresp. liasse 1, n° 109.
(2) Corresp. liasse 3, n° 83.

Société dont il était à la fois membre et fondateur, un lien d'affection qui n'ait pu être rompu que par la mort. C'est donc avec raison qu'en commençant ce chapitre, nous disions que le nom de M. Lecointre et celui de la Société des Antiquaires de l'Ouest sont inséparables l'un de l'autre.

Le talent d'écrire de M. Lecointre et son fin esprit de critique, dont la sincérité était loin d'être exclusive de la bienveillance, le désignaient naturellement pour les fonctions de rapporteur et, plus particulièrement encore, de secrétaire. Les Bulletins de la Société contiennent, en effet, de nombreux rapports écrits de sa plume et, le 16 novembre 1837, il était élu secrétaire (1).

M. Lecointre n'acceptait ces fonctions que pour un an, car les occupations qu'elles devaient lui donner, lui semblaient devoir prendre une part trop grande du temps qu'il désirait réserver tout entier à son Essai sur

(1) Bulletins de la Société des Antiquaires de l'Ouest, tome I, p. 503.

les monnaies du Poitou, alors en pleine élaboration. Il refusa donc, après une année d'exercice, le renouvellement de son mandat de secrétaire.

Cependant, en 1839, il consentit encore à s'arracher à son étude favorite pour être l'interprète d'une commission que la Société avait nommée à l'effet d'appeler l'attention du gouvernement sur l'état de la façade de l'église Notre-Dame, menacée par l'affaissement de la charpente et réclamant des travaux urgents (1).

En acceptant cette tâche, il fut bien inspiré : d'abord parce qu'il valut une allocation de 4,000 francs à l'église Notre-Dame, et ensuite parce que son rapport, véritable chef-d'œuvre de science architectonique et de style descriptif, fut, suivant l'expression de M. de la Villegile, « *une curieuse révélation historiographique du portail de Notre-Dame.* »

Nous avons déjà amplement parlé du succès

(1) Ibidem, t. II, p. 110.

de l'Essai sur les monnaies du Poitou, et de l'honneur qui en rejaillit sur la Société des Antiquaires de l'Ouest qui l'avait publié dans ses Mémoires. Cette Société ne pouvait mieux témoigner à M. Lecointre le prix qu'elle attachait à ce succès qu'en lui décernant la plus haute distinction qu'il lui fût possible de lui donner. Elle l'appela donc à la présidence le 29 novembre 1841 (1).

Il fallut insister et faire violence à la modestie de M. Lecointre, qui, à raison même de la conscience qu'il avait de sa valeur, appréhendait peut-être de ne pas se montrer toujours égal à lui-même. Si, en effet, il était constamment prêt sur toutes les questions, et s'il exprimait avec clarté ses idées, il faut reconnaître que sa parole n'avait pas la même précision et la même vigueur que sa plume.

Mais sa présidence donna un démenti à ces appréhensions, car elle fut des plus distinguées et des plus fécondes.

(1) Bulletins de la Société des Antiquaires de l'Ouest, t. III, p. 164.

C'est, en effet, en 1842 que la présidence de M. Lecointre lui permit d'utiliser, au profit des monuments poitevins, les rapports déjà créés par lui avec M. Mérimée, en 1835, alors que le célèbre académicien était venu faire, dans l'Ouest, sa tournée d'inspecteur général des monuments historiques de France.

Ce ne fut pas, sans doute, en 1842 que s'exécutèrent les grands projets de restauration que M. Mérimée avait conçus dès l'époque de cette tournée. Mais c'est alors que commença la période d'action et que l'impulsion fut donnée. La Société des Antiquaires de l'Ouest était, en effet, toute dévouée à la partie de son mandat scientifique relative à la conservation des monuments, et ses modestes finances en étaient fort incommodées, à raison de l'indifférence du Conseil municipal de Poitiers, qui, entre autres embarras, lui laissait sur les bras l'entretien de la toiture du temple Saint-Jean, où elle avait été autorisée à placer son musée. M. Lecointre, eu égard à cette charge, insistait auprès de l'État pour une subvention, et c'est en réponse à cette demande qu'il recevait, à la date du 21 décembre 1842, de M. Mérimée, une lettre qui, émanant d'un écrivain de cette valeur, ne peut qu'intéresser le lecteur.

« J'ai bien des excuses à vous faire, pour « répondre si tard à la lettre que vous m'avez « fait l'honneur de m'adresser. Si j'ai été si « lent à vous écrire, j'ai exécuté pourtant « assez vite votre commission relative à « l'église de Civray. M. Lion avait reçu, de « son côté, des renseignements qui le tran- « quillisaient un peu. Il doit être, du « reste, à Civray maintenant, sinon à Poi- « tiers.

« Je crois avoir déjà exprimé à M. de Chergé « la principale difficulté qui empêche le Minis- « tre de l'intérieur d'accorder une allocation « à la Société des Antiquaires de l'Ouest. Le « fonds disponible, d'après le rapport de la « commission, est consacré à des travaux de « réparations, et la Cour des comptes nous a « déjà cherché querelle pour avoir donné « quelque chose à des Sociétés savantes, sous

« prétexte *qu'elles ne sont pas des monuments*
« *en ruines*, et que c'est à des ruines seulement
« que nos fonds appartiennent. Lorsque la
« commission sera réunie et qu'elle aura à
« s'occuper de la répartition de son budget,
« je ferai de mon mieux pour plaider votre
« cause. Mais je ne vous cache pas, Monsieur,
« que j'ai peu d'espoir.

« Le Conseil municipal de Poitiers paraît
« décidément avoir pris en grippe le temple
« Saint-Jean. M. de Chergé m'a envoyé une
« délibération dudit Conseil qui me paraît par
« trop *Welche*. Si, comme M. le Ministre de l'in-
« térieur en écrit l'intention, il faisait exécuter
« des réparations au portail de Notre-Dame, il
« serait peut-être à propos de profiter de cette
« occasion pour toucher ce Conseil si sauvage
« et l'engager à témoigner sa reconnaissance
« pour le moins au Ministre, en vous ôtant
« la charge d'entretenir la toiture du temple
« Saint-Jean (1). »

(1) Corresp. liasse 4, n° 93.

Cette lettre produisit son effet, et le Conseil municipal s'apprivoisa, selon le vœu de M. Mérimée.

La durée de la présidence de M. Lecointre était à peine expirée, qu'un nouvel honneur lui était offert. Dès le 22 juin 1841, il avait été averti par M. de Caumont que la Société française d'archéologie avait choisi Poitiers pour son congrès et s'y rendrait le 23 mai 1843 (1). En même temps, M. de Caumont le priait d'accepter les fonctions de secrétaire général de cette assemblée. M. Lecointre déclina cet honneur. On insista (2). Sa résistance dura six mois. Il finit par céder et par se faire inscrire au nombre des membres de l'Institut des provinces, sur l'insistance de M. de Caumont qui lui écrivait, non sans raison, que personne ne ferait plus d'honneur que lui à cette académie (3).

M. Lecointre prit une part active et consi-

(1) Corresp. liasse 3, n°s 138, 139 et 140.
(2) Corresp. liasse 3, n°s 147 et 148.
(3) Corresp. liasse 3, n° 142.

dérable à ce congrès, et confia la rédaction des procès-verbaux à un jeune secrétaire qui n'était autre que son biographe d'aujourd'hui. A ce congrès assistaient beaucoups de savants distingués, et notamment M. de la Sicotière, qui traita du symbolisme avec une remarquable éloquence. Il était l'hôte de M. Lecointre, auquel il était uni par une étroite amitié, dont je rencontre l'affirmation dans une lettre affectueuse et mélancolique qu'il lui écrivait à son retour du congrès.

« Permettez-moi, mon bien bon ami, de « vous remercier de votre si aimable et si « cordiale hospitalité. C'est le meilleur sou- « venir que j'emporte de Poitiers, où cepen- « dant je n'ai trouvé que plaisir et profit sous « tous les rapports. Les amitiés comme la « vôtre sont de celles auxquelles on tient le « plus quand on est heureux, et dont on ne « peut se passer quand on a cessé de « l'être (1). »

(1) Corresp. liasse 6, n° 77. Madame de la Sicotière était décédée 18 mois auparavant.

Au nombre des résultats les plus heureux de ce congrès, nous devons signaler la conservation de la tour de Saint-Porchaire que menaçaient des projets édilitaires de ce même Conseil municipal qui s'était déjà attiré, le 21 décembre 1842, les justes reproches de M. Mérimée. Ce n'était, du reste, qu'un incident de plus dans la lutte que, dès ses débuts, la Société des Antiquaires de l'Ouest avait eu à soutenir, non seulement contre les railleries des gens du monde et les préjugés de l'ignorance, mais encore contre la routine édilitaire. Nous verrons bientôt M. Mérimée s'élever contre les agissements des architectes locaux, qui, médecins maladroits, au lieu de guérir nos vieux monuments par des remèdes appropriés à leur constitution, les mutilaient par des amputations et les défiguraient par des emplâtres. Pour le moment, il ne s'agissait de rien moins que de la destruction de la tour de Saint-Porchaire, en vue du redressement de la rue de la Mairie. Le congrès s'émut, et sa protestation, rédigée par son secrétaire général, eut pour résultat de sauver la tour menacée (1).

Cette alarme avait trop intéressé le clergé pour ne pas lui donner l'éveil sur la nécessité d'organiser la défense des monuments affectés au culte. Aussi l'affaire de la tour de Saint-Porchaire fut-elle suivie de près par une ordonnance de Monseigneur l'Evêque de Poitiers qui, le 9 février 1844, créa une commission diocésaine, chargée de veiller à la conservation et à la restauration des édifices religieux. Il va sans dire que M. Lecointre fut nommé membre de cette commission.

Au surplus, cette année 1844 fut, pour M. Lecointre, féconde en distinctions qui vinrent le chercher de toutes parts. Dès le 12 juin 1843, il avait reçu, de M. de Barthélemy, l'offre d'appartenir à la Société des Antiquaires de France. « Je dois vous dire, lui « écrivait M. de Barthélemy, qu'à la Société « des Antiquaires de France, il y a beau-

(1) Bulletins de la Société des Antiquaires de l'Ouest, t. III, pages 298 et 299

« coup de mes collègues qui désirent vous « compter au nombre de ses correspondants. « Le fait est que ce serait une précieuse « acquisition pour nous. J'ai l'intime convic- « tion que, si vous vouliez bien vous mettre « sur les rangs, il n'y aurait qu'une voix « pour votre réception (1). » M. Lecointre accepta et, le 18 janvier 1844 (2), M. de la Villégile, le 19 (3), M. Alfred Maury, lui annonçaient sa nomination.

Le 2 mai de la même année, M. Roach Smith, savant anglais, avec lequel M. Lecointre a eu une correspondance très suivie (4), l'informait de sa réception comme membre étranger de la *Britisch archæological association*. Enfin, le 20 février 1845, M. Lecointre était élu, pour la seconde fois en trois ans, président de la Société des Antiquaires de l'Ouest.

(1) Corresp. liasse 1, n° 88.
(2) Corresp. liasse 5, n° 141.
(3) Corresp. liasse 4, n° 96.
(4) Corresp. liasse 5, du n° 39 au n° 80.

La résistance de M. Lecointre à ce nouveau témoignage d'estime était si bien prévue, qu'il avait été entendu qu'on profiterait de son absence pour le nommer, non seulement à son insu, mais encore malgré lui.

« Hier soir, nous vous avons nommé pré-
« sident, quoi que vous en puissiez dire », lui écrivait M. Ménard, le 21 février 1845 (1).

Il fut bien obligé d'accepter.

Cette nouvelle présidence de M. Lecointre fut marquée par un événement important pour un des principaux monuments de la ville.

On songeait, depuis longtemps, à dégager des constructions parasites qui l'obstruaient, la belle façade du Palais de Justice de Poitiers, si remarquable par les statues des Comtes du Poitou, qui sont aujourd'hui l'ornement de la rue des Cordeliers. Ce fut en 1845 que ce vœu fut réalisé et que furent acquis par l'État et condamnés à disparaître les bâtiments

(1) Corresp. liasse 6, n° 121.

envahisseurs. Ce ne fut sans doute que plus tard que le projet fut entièrement exécuté. Mais le principal était fait et les moyens d'exécution étaient désormais assurés.

Les années qui suivirent furent non moins favorables que 1845 aux monuments du Poitou. Déjà l'on songeait au dégagement du côté sud de l'église de Notre-Dame, à laquelle M. Lecointre portait le double intérêt du paroissien et de l'archéologue. En 1847, il se chargea d'un nouveau rapport sur cette église, au nom de la Commission chargée d'aviser aux voies et moyens pour opérer ce dégagement. Enfin, en 1849, M. Lecointre accepta les fonctions de secrétaire, où sa place était marquée par l'activité et les difficultés de la correspondance que nécessitaient alors les grands projets de restauration dont étaient l'objet les monuments civils et religieux du département. Le caractère un peu contentieux, parfois, de cette correspondance exigeait une plume exercée, ne fût-ce que pour pallier, dans l'intérêt de la Société des Antiquaires de l'Ouest, les effets de certaines fausses démarches et de certains malentendus sur lesquels s'explique M. Mérimée dans une lettre du 16 avril 1849, que nous allons reproduire.

« Je regrette qu'un petit voyage que je « viens de faire en Normandie ne m'ait pas « permis de répondre plus tôt à la lettre que « vous m'avez fait l'honneur de m'écrire. « Je vois que cette affaire du Palais de Justice « de Poitiers n'est qu'une méprise ; mais elle « a été fâcheuse en ce qu'elle a laissé à la « Commission une impression dont il sera « peut-être difficile de la faire revenir. Les « premières dépenses pour le dégagement du « Palais de Justice de Poitiers n'ont point « été faites, comme vous paraissez le croire, « par le ministère de la justice, mais par le « Ministre de l'intérieur, sur les fonds des « cours d'appel, et cela après de nombreuses « instances de la Commission des monuments « historiques. La Commission est parvenue, « plus d'une fois, à obtenir le concours de

« l'administration communale qui, bien que « dépendant du même ministère, a cependant « des allures tout à fait indépendantes. Elle a « dû cet heureux résultat au soin particulier « qu'elle a eu de bien choisir les questions « sur lesquelles il pouvait y avoir discussion « entre les deux administrations, et surtout à « ne jamais solliciter que des choses vérita- « blement utiles. Je n'ai pas besoin de vous « dire, Monsieur, que les archéologues ont « besoin d'avoir deux fois raison auprès des « administrations, et ils se compromettent « fort, quand, sous prétexte d'archéologie, ils « veulent établir, aux frais de l'État, des « latrines municipales. »

Puis, arrivant à certaines objections tirées contre M. Joly, architecte, de ce qu'il n'a point sa résidence à Poitiers, M. Mérimée continue :

« Il est vrai qu'on peut regretter qu'il ne « réside pas dans le département de la « Vienne. Mais qu'y faire ? Quels services « pouvons-nous attendre des architectes de la « Vienne, lorsque nous les avons vus, par

« ignorance, ou, ce qui est encore pis, par
« une faiblesse coupable, déclarer qu'il fallait
« abattre la tour de Saint-Porchaire ; lorsque
« l'architecte du département a détruit, aux
« frais de l'Etat, une partie des fresques de
« Saint-Savin ; lorsque, enfin, tous les projets
« que ces messieurs nous envoient sont ou in-
« exécutables ou absurdes ? Il me semble que
« le département de la Vienne devrait mieux
« apprécier les services de M. Joly et tenir
« compte des difficultés qu'il rencontre néces-
« sairement.

« Je vous ai parlé, Monsieur, avec la plus
« grande franchise. Je vous prie de garder
« ma lettre pour vous seul, et vous borner à
« dire à nos confrères que le mieux, c'est de
« laisser l'affaire tomber dans l'eau. Le Mi-
« nistre a dû écrire au préfet qu'il aurait dû
« lire le Mémoire en question avant de le trans-
« mettre, et que si la ville de Poitiers deman-
« dait de nouveaux secours, il était juste qu'elle
« fît quelques sacrifices de son côté. Veuillez
« lui conseiller cette bonne œuvre, Monsieur!

« Je sais toute l'autorité dont vous jouissez « justement à Poitiers, et nous comptons que « vous voudrez bien insister pour assurer à nos « vieux monuments un concours dont ils ont « si grand besoin. Veuillez agréer, etc. (1). »

En écrivant ainsi à M. Lecointre, M. Mérimée savait qu'il ne pouvait s'adresser à un esprit plus conciliant, plus apte à tout pacifier et à tout ramener au mieux des intérêts qui leur étaient également chers à tous les deux. Aussi lui écrivait-il, le 6 juin 1849, une lettre des plus aimables :

« Permettez-moi de vous recommander « M. de Mérindol, architecte du Ministre des « cultes, qui va passer quelques jours à « Poitiers ! J'ai pensé que personne plus que « vous ne pourrait lui donner des renseigne- « ments utiles sur la cathédrale, qu'il est « chargé de restaurer. J'ai reçu la lettre que « vous m'avez fait l'honneur de m'adresser à « votre retour d'Alençon. Je me réjouis de

(1) Corresp. liasse 4, n° 94

« voir le Conseil municipal entrer dans une « voie plus libérale. Il faut espérer qu'avec « vos exhortations son zèle ne fera que « s'enflammer. Je passerai peut-être, cette « année, à Poitiers, et je serai bien heureux, « Monsieur, de causer longuement avec vous « de vos beaux monuments et des travaux de « la Société auxquels vous prenez une si « grande et si glorieuse part (1). »

Au moment où M. Mérimée écrivait à M. Lecointre ces lignes flatteuses, celui-ci semblait vouloir se soustraire aux occupations scientifiques qui les lui avaient values. Dans sa correspondance avec ses amis, il insistait sur le fardeau dont l'accablait la lourde administration de ses intérêts et sur la nécessité qui s'imposait à lui de renoncer à ses labeurs scientifiques, pour s'adonner tout entier aux devoirs du propriétaire et du chef de famille.

Ce fut, de toutes parts, une exclamation de surprise et une protestation génerale contre

(1) Corresp. liasse 4, n° 95.

une résolution si préjudiciable aux intérêts de la science.

Le 3 novembre 1849, M. Léopold de Lisle lui écrivait :

« Quoi que vous en disiez dans votre lettre, « j'aime à croire, avec M. de Gerville, que « vous n'avez pas dit adieu à nos chères « études. Vous vous y êtes adonné avec tant « de bonheur, qu'il vous serait impossible de « les abandonner entièrement, et, quelles que « soient vos occupations, vous saurez tou- « jours bien dérober quelques instants en « faveur de ces études (1). »

Apparemment que cette lettre de M. de Lisle n'ébranla pas la résolution de M. Lecointre, car, le 20 janvier 1852, M. de Barthélemy, faisant allusion à ce que M. Lecointre lui avait dit du goût de son fils aîné pour la numismatique, lui adressait spirituellement cette remontrance :

« Enfin, lui disait-il, puisque vous avez

(1) Corresp. liasse 3, n° 41.

« donné un numismatiste à l'Empire, tachez de « lui enseigner qu'il ne doit pas faire comme « certains savants qui sont les têtes de co- « lonne, dont les ouvrages sont recherchés « avec ardeur, consultés avec soin, cités avec « honneur, et qui abandonnent la direction « de l'œuvre, quand ils sont dans la force de « leur talent (1). »

Ces traits piquants, sous forme d'éloges, s'émoussèrent encore contre la résistance de M. Lecointre, qui continua de s'excuser sur le lourd poids des affaires qui lui interdisait tout surcroît de fardeau. A quoi M. de Barthélemy répondit par une nouvelle exhortation, non moins humoristique :

« Si je ne vous en voulais, lui écrivait-il en « septembre suivant, d'avoir tant d'embarras « par suite de votre pléthore de propriétaire, « tant en fond qu'en foncier, je vous remer- « cierais de votre excellente lettre. C'est bien « d'être propriétaire ; mais il ne faut pas

(1) Corresp. liasse 1, n° 122.

« non plus l'être outre mesure. Sans cela,
« les amis sont capables de demander des ré-
« volutions, et même d'y collaborer, afin de
« rendre la liberté scientifique à ceux qui l'ont
« perdue (1). »

M. Lecointre semblait donc avoir, désormais, renoncé à ses délassements scientifiques, lorsque, vers la fin de 1852, il fut mis en demeure de sortir de sa retraite par les supplications de ses confrères de la Société des Antiquaires de l'Ouest qui réclamaient son assistance pour le classement des chartes de Saint-Hilaire.

Voici ce que lui écrivait M. Ménard, le 5 septembre 1852 :

« Tout cela ne peut se faire sans votre col-
« laboration, dont la Société sent, à bon droit,
« le prix, à tel point qu'elle juge qu'aucune
« autre ne pourra la remplacer (2). »

Il paraît que M. Lecointre ne prêta qu'une oreille distraite à cette intimation de ses con-

(1) Corresp. liasse 1, n° 121.
(2) Corresp. liasse 6, n° 122.

frères, car plusieurs mois après, le 4 janvier 1853, M. Menard dut lui réitérer sa demande :

« M. Rédet, lui écrivait-il, déclare que, « sans vous, ce travail ne peut être complet, « et que vous êtes seul capable de faire la « partie dont vous êtes chargé (1). »

Il fallut bien se rendre, et ce fut le signal du retour de M. Lecointre à la vie scientifique, retour assez marqué pour motiver la décision du Ministre de l'instruction publique, qui le nomma, le 21 janvier 1856, correspondant de son ministère pour les travaux historiques (2).

Ce ne fut cependant qu'en 1868, que M. Lecointre consentit à redevenir président de la Société des Antiquaires de l'Ouest. Ce fut pour lui l'occasion de prononcer un discours, évidemment sorti des études préparatoires de l'histoire de Jean sans Terre. Le sujet était la vie de Pierre des Roches (3), l'un des favoris

(1) Corresp. liasse 6, nº 123.
(2) Corresp. liasse 4, nº 81.
(3) Mémoires de la Soc. des Ant. de l'Ouest. t. XXI, p. 3.

de ce monarque. Le discours de M. Lecointre fut fort goûté, ainsi qu'en témoignent les lettres de félicitations que reçut l'auteur.

La dernière présidence de M. Lecointre fut en 1876, et nous tenons à signaler le succès qu'obtint le discours prononcé par lui, à la séance publique, sous le titre de : *l'Architecture religieuse en France au* XIXe *siècle*.

Voici ce qu'à la réception de ce discours, lui écrivait M. de la Sicotière (1) :

« J'ai lu votre discours avec un extrême « plaisir. Il est sérieux, solide et charmant. « Votre esprit ne se fatigue point et vous avez « encore des élans poétiques et des grâces de « plume toutes juvéniles. »

Cinquante ans s'étaient écoulés depuis la fondation de la Société des Antiquaires de l'Ouest, et M. Lecointre avait atteint sa 74e année, lorsque fut décidée, en séance du 7 janvier 1884, la réunion d'un congrès pour

(1) Corresp. liasse 6, n° 122.

la célébration du cinquantenaire de la docte compagnie.

Cette décision venait d'être prise, lorsqu'une voix, celle de M. de Chergé, s'éleva pour une proposition qui fut accueillie par des applaudissements unanimes.

Elle était conçue en ces termes :

« La Société des Antiquaires de l'Ouest a
« été fondée à Poitiers le 13 août 1834.

« Elle aura donc à célébrer, dans le cours
« de l'année qui vient de s'ouvrir, ce qu'un
« usage, justement respecté, applique aux
« familles de la science comme aux unions
« favorisées d'une durée, hélas ! bien rare
« dans la vie humaine. et qui ne sera, pour
« elle, nous avons le droit de l'espérer, qu'une
« étape demi-séculaire, dans une existence
« sans fin.

« Mais, à l'occasion de ces noces d'or, aux-
« quelles, tout naturellement, la famille avait
« à convier ceux qui lui ont donné l'existence,
« un appel douloureux a constaté qu'un seul
« survit aujourd'hui à ses dignes confrères,

« et, tout naturellement aussi, ceux qui, « dans l'ordre intellectuel, peuvent se dire « ses enfants, ont eu la pensée de lui témoi- « gner, tout à la fois, leur respectueuse affec- « tion et leur reconnaissance.

« S'il n'avait d'autre titre à cette manifes- « tation que le mérite impersonnel d'avoir « vécu, cela ne suffirait peut-être pas pour « le motiver ; mais honoré à juste titre, plus « qu'aucun de nos anciens, de la direction de « notre chère famille, qui lui eût été confiée « plus souvent encore si sa modestie ne s'y « fût trop souvent refusée, il est, à cette « heure, désigné, sans qu'il puisse s'y refuser, « à la proposition suivante :

« M. Lecointre-Dupont, seul survivant, « aujourd'hui, des fondateurs de la Société « des Antiquaires de l'Ouest, est élu *président* « *d'honneur à vie* de la Société qu'il a publi- « quement honorée, dans le passé d'un « demi-siècle, par les œuvres de sa science, « et qu'il honore et honorera dans l'a- « venir par les œuvres inépuisables de

« sa bienfaisance et de sa charité (1) ! »

Cette proposition fut votée par acclamation.

Celui qui en avait été l'auteur ne devait survivre que de six mois à l'hommage qu'il avait si bien et si justement rendu à M. Lecointre.

Trois ans après, le 25 septembre 1888, M. Lecointre succombait à son tour.

(1) Mémoires de la Société des Antiquaires de l'Ouest, t. VII, 2e série, p. 73.

CHAPITRE VI.

ŒUVRES PIEUSES ET CHARITABLES DE M. LECOINTRE.

De toutes les banalités de l'épitaphe, il n'en est pas de plus commune et en même temps de plus choquante que celle qui donne aux morts des vertus de convention dont on serait fort en peine d'administrer la preuve. Il est, en effet, de style, dans tout article nécrologique, de mettre au rang de ces vertus celle de la charité, au risque de recevoir un démenti de la bouche des pauvres.

Cette réflexion vient naturellement à l'esprit, lorsqu'on fait subir à ces fictions complaisantes la comparaison avec la réalité lumineuse de la charité de M. Lecointre.

La charité, vertu maîtresse de cet homme de bien, était pour lui une tradition de famille autant qu'une inclination du cœur. Il l'avait héritée de ses parents, avec des richesses qu'il ne considérait, entre ses mains, que comme un dépôt.

La charité de M. Lecointre était aussi intelligente que féconde. Autant il se prodiguait aux vrais pauvres, autant il était inflexible aux quémandeurs impudents. Toujours accueillant à la détresse qui s'offrait à lui, il aimait avant tout, en vrai disciple de saint Vincent de Paul, aller à la recherche de la misère discrète qui se cachait et qu'il se plaisait à surprendre. Il l'honorait en même temps qu'il la secourait, par la délicatesse et par l'ingéniosité de ses procédés. Il n'avait pas seulement pitié du pauvre, il l'aimait et ne se fût pas trouvé satisfait de son aumône s'il n'y eût ajouté l'offrande du bon conseil et du bon exemple.

Mais c'est surtout comme membre de la Société de Saint-Vincent-de-Paul (où M. Lecointre était au rang des plus assidus et des plus zélés), que sa charité était particulièrement touchante. Cet homme riche, dont nous verrons bientôt la main prodiguer l'or dans de magnifiques fondations pieuses, allait modestement demander à l'économe ses bons de pain et les porter à domicile aux indigents dont le service lui était assigné. Il s'y rendait comme l'un des plus humbles des membres de la Société, sans qu'on ait jamais rien su, tout en le devinant cependant, de ce qu'il ajoutait secrètement à ces chétifs bons de pain dont pourtant il faisait en apparence le principal de son aumône. Mais ce que sa charité apportait de plus précieux dans la triste demeure qu'il visitait, ce n'était pas seulement le pain ou l'argent, c'était son cœur. On raconte en effet que plus d'une fois il a, de ses propres mains, pansé les plaies du pauvre auquel manquaient des soins intelligents.

Il serait impossible d'énumérer tous les actes de sa charité privée, car ils ont été si nombreux que Dieu seul en a le secret. Mais il en est d'autres plus éclatants qui relèvent de la publicité et qui constituent, pour la mémoire de leur auteur, un des monuments les plus beaux auxquels la charité d'un homme puisse prétendre. Nous entendons parler des fondations d'intérêt public et religieux, qui furent, dans la vie de M. Lecointre, une chaîne non interrompue d'actes de bienfaisance, chaîne dont on retrouve un anneau dans chaque étude de notaire.

Si sèche que soit une énumération, nous ne pouvons mieux faire que de signaler un à un, sans commentaires, les actes notariés qui constatent les œuvres charitables fondées, dans quatre départements de l'Ouest, par celui dont nous écrivons la vie.

1° Le 28 février 1842, il fondait à Sanxay (Vienne) un établissement de charité consacré à l'instruction gratuite des petites filles pauvres, et aux soins à donner aux malades indigents à domicile. A cet effet, il acheta une maison et un mobilier et affecta à l'entretien des Sœurs une rente perpétuelle de 1,400 francs en rentes sur l'État. Ces Sœurs appartenaient à l'Institut des Filles de la Croix, dont le chef-lieu est à la Puye (1).

2° En septembre 1843, il faisait construire au Merlerault (Orne) une salle d'asile, et il affectait une rente de huit cents francs, en trois pour cent sur l'État, à l'entretien de deux Sœurs de l'Ordre de la Providence de Séez, chargées de l'éducation des enfants pauvres.

3° Le 12 novembre 1854, M. Lecointre achetait, à Persac (Vienne), une maison dans laquelle il établissait une école gratuite confiée à deux Sœurs de la Congrégation de la Charité du Sacré-Cœur de Jésus, dont le chef-lieu est à la Salle-de-Vihiers (2).

4° M. Charles Dupont, député de la Vienne et beau-frère de M. Lecointre, avait acquis l'ancien couvent des Jacobins pour y établir une école secondaire libre, tenue par des ecclésiastiques. Cette école fut désignée sous

(1) Acte reçu par Mᵉ de Loynes, notaire à Poitiers, le 28 février 1842.

(2) Acte reçu Pradeau, notaire à Persac, le 12 novembre 1854.

le nom de collège Saint-Vincent-de-Paul.

M. Dupont avait affecté une somme de près de cent mille francs à l'achat du mobilier et aux frais de premier établissement. Son intention était de céder l'immeuble à l'évêché. Le gouvernement ayant refusé l'autorisation demandée par Mgr Pie, le désir de M. Dupont ne put être réalisé de son vivant.

A sa mort, M. Lecointre-Dupont, voulant remplir les intentions de son beau-frère, provoqua la formation d'une Société tontinière qui devint acquéreur de l'ancien couvent des Jacobins.

Lorsque les Jésuites vinrent se fixer à Poitiers, ils occupèrent cet immeuble pendant plusieurs années. Depuis, avec l'autorisation de M. Lecointre, l'immeuble a été cédé aux Frères des écoles chrétiennes (1).

5° Le 4 septembre 1855, M. et Madame Lecointre ont doté l'Institut des Frères de Saint-Gabriel d'une rente de 550 francs, en

(1) Acte reçu Gras, notaire à Poitiers, le 18 janvier 1855.

3 p. 0|0 sur l'État, à la charge de donner, dans l'école communale de Migné (Vienne), l'enseignement gratuit aux garçons et une classe d'adultes (1).

Depuis lors, l'administration municipale de Migné ayant retiré aux Frères de Saint-Gabriel la direction de l'école communale, M. et Madame Lecointre ont fait l'acquisition d'une maison qu'ils ont donnée à cet Institut (2).

6° En 1862, M. et Madame Lecointre ont fondé à la Chapelle-Blanche (Indre-et-Loire) une école entièrement gratuite dont les bâtiments leur appartiennent et dont les Sœurs institutrices, fournies par la Congrégation de la Providence de la Pommeraye, sont payées par les fondateurs et reçoivent, en sus de leur entretien, une allocation pour la pharmacie.

7° En 1865, pour continuer une œuvre de Madame Dupont, sa belle-mère, M. Lecointre

(1) Acte passé par-devant Me Boyer, notaire à Poitiers, le 4 septembre 1855.

(2) Acte reçu par Me Langevin, notaire à Poitiers, le 28 mars 1874.

dota la maison des Sœurs de la Miséricorde, consacrées à donner des soins aux malades, d'une rente perpétuelle 3 p. 0[0 sur l'État de 350 francs pour l'entretien d'une nouvelle Sœur. Plus tard, en 1872, M. Lecointre donna à la même Congrégation une somme de trente mille francs pour subvenir à l'entretien de cinq autres Sœurs.

8° La colonie agricole de Salvert (Vienne) avait été fondée par M. l'abbé Gaillard et par Mademoiselle Pauline Dauvilliers, cousine germaine de M. Lecointre-Dupont. Mlle Dauvilliers avait abandonné la propriété de Salvert aux Sœurs de Sainte-Philomène, pour y fonder une colonie agricole de garçons. Le 24 février 1864, M. Lecointre constitua, au profit de ces Sœurs, une rente pour l'entretien et l'éducation de six jeunes filles, et en même temps il fit semblable dotation à la colonie agricole de Salvert pour l'entretien et l'éducation de six jeunes garçons (1). On lira avec intérêt, dans les notes reportées à l'appendice,

(1) Acte reçu Boyer, notaire à Poitiers, le 24 janvier 1864.

les clauses de l'acte notarié par lequel cette fondation est consentie.

9° En 1867, M. et Madame Lecointre-Dauvilliers et M. et Mme Lecointre-Dupont donnèrent à la Congrégation des Sœurs de la Providence d'Alençon une maison d'école à Saint-Germain de Corbis et une somme de deux mille francs. Mlle Dauvilliers dota cette école de 600 fr. de rente (1).

10° M. Lecointre a compris dans ses libéralités les hospices de Poitiers, auxquels il a donné, le 4 mars 1870, une maison et trois cents fr. de rente pour la fondation d'un lit (2).

11° Le 22 juin 1872, il a établi à Liglet (Vienne) une maison enseignante avec dotation d'une rente pour l'entretien des Sœurs chargées de tenir l'école et de visiter les malades (3).

12° A une époque déjà éloignée, M. Lecointre

(1) Acte reçu Hommey, notaire à Alençon, le 6 juin 1867

(2) Acte reçu Boyer, notaire à Poitiers, les 4 mars et 4 mai 1887.

(3) Acte reçu par Me Boyer, notaire à Poitiers, le 22 juin 1872.

avait fondé à Sanxay (Vienne) une école de Frères pour l'enseignement gratuit. Depuis lors, une des filles de M. Lecointre a fait construire une maison considérable, avec de vastes classes, où l'enseignement est donné gratuitement par trois Frères des Ecoles chrétiennes ; l'entretien de ces derniers est entièrement à la charge des fondateurs.

13° M. Lecointre a puissamment contribué à l'établissement et au développement de l'école de sourds-muets tenue à Poitiers, faubourg de la Tranchée, par les Frères de Saint-Gabriel; il a concouru, avec sa fille, aux constructions considérables nécessitées par cet important établissement, pour une somme dépassant de beaucoup cent mille francs.

14° A la Cueille-Mirebalaise, commune de Poitiers, M. Lecointre entretenait, depuis longtemps, une école où l'enseignement était donné par les Filles de la Sagesse. En 1872 il a fait reconstruire la maison ; l'entretien des Sœurs était à sa charge, et, chaque jour, un boulanger apportait le pain nécessaire aux enfants de l'école.

15° Le 9 mai 1872, M. Lecointre a fondé semblable école dans la commune d'Asnières (Vienne), et assuré à l'établissement une rente suffisante pour l'entretien des deux Sœurs de la Congrégation des Dames de la Salle de Vihiers qui tiennent l'école (1).

17° A Roullée (Sarthe), M. Lecointre a établi aussi une école. A l'entretien et au logement des deux Sœurs sont affectées une rente constituée par lui et une maison acquise de ses deniers.

17° Enfin, en 1857 et en 1862, M. Lecointre avait prêté aux fondateurs de l'établissement des Petites-Sœurs des Pauvres, à Poitiers, une somme importante dont, depuis, il a fait l'abandon aux Sœurs pour la construction d'un nouveau dortoir et l'achèvement de la chapelle.

(1) Acte reçu par Me Piard, notaire à Poitiers, le 9 mai 1874.

18° M. Lecointre a également fondé des lits aux Incurables.

Nous ne devons pas non plus laisser en oubli les nobles exemples de charité patriotique donnés par M. Lecointre en 1870 et 1871. Il consacra alors des sommes considérables à secourir et à rapatrier nos soldats, prisonniers en Prusse. Sa charité en soulagea et en ramena plusieurs centaines ; peut-être même, sauva-t-elle la vie à quelques-uns.

En présence de ces œuvres si belles, on se sent pénétré d'admiration et de respect, et l'on ne s'étonne pas que Dieu ait béni, en ne cessant de l'accroître, une fortune dont M. Lecointre savait faire un si noble usage. Si l'on s'appauvrit par la dissipation, on s'enrichit par la charité, non seulement pour le ciel, mais encore pour la terre. Dieu qui est le maître de ses récompenses, l'a bien prouvé, en se plaisant, même dès ce monde, à rendre au centuple à M. Lecointre ce qu'il donnait pour l'amour de lui.

CHAPITRE VII.

M. LECOINTRE DANS LA VIE PRIVÉE ET DANS LA VIE PUBLIQUE.

Je crois que je pourrais tracer, même en fermant les yeux, l'image de M. Lecointre, tant sa personne m'est présente. Qui ne se souvient d'avoir rencontré, dans le quartier Notre-Dame, ce vieillard de petite taille, d'allures et de vêtements modestes, marchant un peu vite, comme s'il semblait vouloir se dérober aux témoignages de respect et d'affection dont on saluait son passage ? Si quelque ami ou même quelque indifférent l'arrêtait en chemin, avec quels bons yeux bleus souriants, avec quels cordiaux serrements de main, avec quelles paroles, souvent affectueuses, toujours polies, il l'accueillait ! La bienveillance était empreinte sur ses traits, dont l'expression dominante était celle d'une grande paix intérieure et d'une extrême bonté.

Je le vois encore, arrivant aux séances de la Société des Antiquaires de l'Ouest, où l'attendait toujours l'accueil empressé et respectueux de sa famille scientifique. Loin de revendiquer, ou même d'accepter les honneurs de la préséance, il les fuyait et choisissait la moindre place, dans un silence modeste, d'où il ne sortait que lorsque se présentait l'occasion de faire une remarque utile ou une observation intéressante. L'abondance de sa pensée et son éclectisme de lettré en ce qui touchait la propriété de l'expression donnaient à sa parole quelque chose d'hésitant ; mais il en était le maître aussi bien que de sa pensée, au grand profit de ceux qui trouvaient, à l'écouter, instruction et plaisir. On tenait, en effet, grand compte de la part qu'il prenait aux séances, non seulement à raison du respect qu'inspiraient sa personne et sa science, mais encore pour l'intérêt que présentaient toujours la justesse et l'ingéniosité des idées qu'il exprimait.

Ainsi que nous l'avons dit, M. Lecointre avait un cœur excellent. Si concentrées que fussent ses affections dans la nombreuse et digne famille dont il fut le chef tendre et bien-aimé, il y trouvait encore une place pour l'amitié. C'était un parfait ami. Nous le savions déjà par le commun témoignage ; mais nous l'avons surtout appris par la correspondance que nous avons sous les yeux. La valeur d'une amitié se mesure surtout à l'étendue des consolations qu'on y trouve. Or, M. Lecointre n'avait pas seulement la charité qui donne ; il avait aussi celle qui console. Ses amis savaient trouver en lui un cœur toujours ouvert à leurs joies et, plus encore, à leurs douleurs. Une des pièces les plus intéressantes de la correspondance à laquelle j'ai emprunté déjà tant de citations, est une lettre que M. de la Sicotière, en réponse aux condoléances de M. Lecointre, lui écrivait le 22 février 1842. avec l'accent de la douleur propre à la perte la plus cruelle que puisse faire un époux (1). Nous aimerions à mettre sous les yeux du lecteur cette page admirable, où un cœur désolé s'épanche dans le sein d'un ami, avec une touchante éloquence. Mais la douleur a ses pudeurs devant lesquelles une plume respectueuse doit, discrètement et silencieusement, s'incliner.

Quatre ans après, en témoignage de la fidélité de leurs communs sentiments, M. de la Sicotière lui écrivait :

« Notre vieille amitié semble rajeunir chaque jour, et elle vivra autant que nous » (2).

La vie est semée de tant de tristesses qu'elle n'est entre deux amis qu'un échange à peine interrompu de condoléances, et que le consolateur de la veille devient souvent le consolé du lendemain. En 1844, à l'occasion de la mort d'un enfant de M. Lecointre, M. de la Sicotière lui écrivait :

« Je comprends combien vous avez dû souf-

(1) Corresp. liasse 6, n° 72.
(2) Corresp. liasse 6, n° 93.

« frir, vous si bon, si excellent et qui rem-
« plissez, avec tant de tendresse, tous les
« devoirs de la famille (1). »

Une autre fois, le 30 avril 1847, c'étaient des félicitations que M. de la Sicotière adressait à son ami, à l'occasion de la naissance d'un enfant :

« Que Dieu, lui écrivait-il, que Dieu com-
« ble de bénédictions la nouvelle petite fille
« qu'il vous a donnée ! qu'il épuise sur vos
« enfants le bonheur dont vous êtes digne et
« qui est le vœu le plus ardent de vos
« amis (2). »

S'il était si cher à ses amis et s'il les affectionnait lui-même si fortement, que dirons-nous de ce qu'était M. Lecointre dans sa famille ? Je ne puis mieux faire, à cet égard, que de citer textuellement le témoignage du fils qu'il a plus particulièrement chargé de la continuation de ses œuvres pies.

« Jamais, nous écrit M. Arsène Lecointre,

(1) Corresp. liasse 6, n° 82.
(2) Corresp. liasse 6, n° 100.

« jamais mon père ne pensait à lui. Au con-
« traire, il prévenait les moindres désirs de sa
« femme, et il s'occupait, avec un soin tout
« maternel, de tout ce qui concernait ses enfants.
« Rarement il les réprimandait. Sa grande
« prédication était l'exemple. Aussi ses enfants
« avaient-ils pour lui une telle vénération, un
« tel amour, qu'ils essayaient de prévenir ses
« moindres désirs, et qu'un mot de reproche
« de sa part leur faisait plus d'effet que la plus
« sévère réprimande venant d'une autre per-
« sonne.

« Cet amour, cette vénération, il sut les
« communiquer à ses domestiques. Le dévoû-
« ment que lui montra, dans sa dernière
« maladie, son valet de chambre, Philippe
« Deshayes, prouve quels sentiments il savait
« inspirer aux cœurs capables de comprendre
« le sien.

« Avant de mourir, il avait eu soin de
« régler ses affaires, de faire et de prévenir
« tout ce qu'il est humainement possible de
« faire et de prévenir pour que les œuvres

« auxquelles il tenait fussent continuées, et « pour qu'aucun règlement d'intérêt ne pût « venir refroidir l'amitié que ses enfants ont « les uns pour les autres. »

De telles vertus et un caractère si sympathique, associés à une belle intelligence et à une immense fortune, eussent assuré à M. Lecointre, s'il l'eût voulu, un rôle considérable dans les affaires publiques. Il lui eût été facile, avec tant d'éléments de succès, de prendre rang dans la politique et de conquérir un siège dans les hautes assemblées du pays. Il ne le voulut pas ; et, s'il ne put absolument se soustraire aux nécessités de l'influence que lui donnait sa situation, il le fit d'une main discrète qui, sans cesser d'agir, n'apparaissait jamais.

Cependant, après la révolution de 1848 et la réaction qui la suivit de près, M. Lecointre ne put se refuser à figurer sur la liste conservatrice qui fut alors portée par la faveur du suffrage universel. Il fut élu membre du Conseil municipal de Poitiers et nommé adjoint, à la grande satisfaction de tout le monde, et particulièrement de M. Faye, un de ses correspondants, qui lui écrivait à cette occasion :

« Que les électeurs sachent choisir des hommes tels que vous, et le plus incrédule applaudira au suffrage universel (1). »

Dans ces fonctions nouvelles, M. Lecointre rendit de grands services, non seulement aux intérêts généraux de la ville, mais encore aux monuments pour lesquels, au dire de M. Mérimée, le Conseil municipal manquait complètement de tendresse. M. Lecointre eut à combattre cette indifférence, et c'est à son influence qu'il faut attribuer les sentiments de résipiscence constatés, en dernier lieu, par M. Mérimée dans sa lettre du 6 juin 1849.

Bien des années se sont écoulées depuis lors, et, dans les temps difficiles que le pays a traversés, l'esprit conservateur de M. Lecointre n'a cessé d'inspirer, mais toujours dans une mesure discrète, les résolutions de son

(1) Corresp. liasse 3, n° 110.

parti. Il l'a fait surtout de la manière la plus désintéressée, et longtemps il a refusé tout ce qui pouvait paraître un avantage pour lui et pour les siens. Ce n'est que dans les derniers temps de sa vie et lorsque l'insistance de ses amis, ainsi que la pression de l'opinion publique, lui en firent un devoir, qu'il consentit à sacrifier l'un de ses fils aux nécessités de la politique. Ce fut alors que M. Louis Lecointre, retenu lui-même par sa modestie, mais résigné au devoir, accepta d'être candidat aux fonctions de député qu'il remplit aujourd'hui avec autant de distinction que de dévoûment et de courage (1).

Etranger aux ambitions de la politique, M. Lecointre le fut également à l'appât des distinctions qu'on est accoutumé de considérer comme ne lui étant pas étrangères. Cependant, il ne put se soustraire à la récom-

(1) Un autre fils de M. Lecointre-Dupont, M. Pierre Lecointre, est membre du conseil général d'Indre-et-Loire, et M. Fruchard, son gendre, est membre du Conseil général de la Vienne.

pense que la Cour de Rome décerna à sa grande piété et aux œuvres magnifiques qu'elle lui avait dictées. Il reçut, en effet, il y a déjà longtemps, la croix de commandeur de Saint-Grégoire-le-Grand.

Nous pourrions ajouter, sans crainte d'être démenti, que si M. Lecointre n'était pas chevalier de la Légion d'honneur, c'est que sa modestie s'y est refusée. Les membres du Bureau de la Société des Antiquaires de l'Ouest n'ignorent pas qu'à une époque remontant à environ dix années, M. Lecointre fut mis en demeure d'accepter, avec la certitude du succès, une présentation pour la Légion d'honneur. Il refusa, chose rare à si courte distance d'un temps où l'ambition d'obtenir cette distinction devait être, pour la sottise des uns et pour la cupidité des autres, l'occasion de tant de vilenies.

M. Lecointre donna donc, durant tout le cours de sa vie, l'exemple du désintéressement en toutes choses, même en celles où les scrupules de la plus stricte délicatesse n'ont rien à voir. Un tel oubli de soi-même, au milieu des richesses qui conduisent à tous les pouvoirs et qui donnent toutes les jouissances, est bien rare en ce monde ; et les exemples de M. Lecointre, si admirables à suivre, seraient proposés sans succès à l'imitation de la plupart des hommes. La vie de M. Lecointre a été comme le cours d'une eau calme, pure et transparente, limpide jusqu'au fond et reflétant, à sa surface, l'azur du ciel. Sa vie a été celle d'un saint, et sa mort a été digne de sa vie.

Depuis plus d'une année, M. Lecointre, atteint de l'implacable maladie qui devait l'emporter, donnait des signes d'affaiblissement physique qui inquiétaient, à juste titre, sa famille et ses amis. Sans doute, sa belle intelligence et la sérénité de son esprit et de son cœur planaient, dans leur plénitude, au-dessus des défaillances du corps. Mais elles ne pouvaient faire illusion à ceux qui, ayant suivi les progrès du mal, entrevoyaient une fin prochaine. A la dernière séance d'été, en juillet 1888, les membres de la Société des Antiquaires de l'Ouest emportaient avec eux, en se séparant, l'appréhension de recevoir, au milieu de leurs vacances, une triste nouvelle.

Ces craintes n'étaient que trop fondées: le 25 septembre, M. Lecointre succombait.

Nous ne tenterons pas de présenter nous-mêmes le touchant tableau des derniers instants de celui dont nous venons de raconter la vie. Nous ne saurions mieux faire que de céder la parole au digne fils qui fut le témoin de cette sainte mort.

« Malgré des souffrances horribles, il con-
« serva, jusqu'à son dernier jour, avec toute
« sa lucidité d'esprit, toute la douceur inalté-
« rable de son caractère, toute la patience
« admirable d'un saint. Ses dernières paroles
« furent des paroles d'affection pour sa femme,
« pour ses enfants, pour son dévoué servi-
« teur, Philippe Deshayes, et un cri d'amour
« et d'espoir vers le Dieu qui l'appelait à lui ».

Si attendue que fût cette mort, elle n'en fut pas moins la cause d'une consternation générale dans toutes les classes de la société. En

M. Lecointre, les riches perdaient un exemple, les pauvres un ami, les savants un modèle et une lumière. A ses obsèques l'empressement fut immense, la foule était énorme. L'église de Notre-Dame était comble. La foule, qui n'avait pu pénétrer qu'en partie, affluait et débordait sur la place du Marché. De longtemps, ne s'était vu pareil concours d'hommages et de regrets.

Les plus touchants témoignages étaient donnés au mort. Nous citerons particulièrement ceux que lui rendirent les petits marchands de la place de Notre-Dame.

Lorsqu'ils apprirent la mort de M. Lecointre, ces braves gens, comprenant qu'ils perdaient en lui un ami dévoué et toujours prêt à se mettre en avant pour leur rendre service, se cotisèrent pour acheter une couronne funèbre et envoyèrent à Madame Lecointre une adresse touchante.

De loin comme de près, la manifestation fut la même. Si éloigné qu'il fût, le département de l'Orne prit part à la douleur causée par la mort de M. Lecointre. A la nouvelle de cette mort, le Conseil municipal de Le Merlerault (Orne), commune où M. Lecointre avait possédé une grande terre, se réunissait pour formuler une adresse à la famille, lui témoignant la part prise à sa douleur, et la sollicitant de continuer aux pauvres de la commune les libéralités accoutumées de celui qui n'était plus.

Malgré la dispersion propre à la saison des vacances, la Société des Antiquaires de l'Ouest put se constituer en un groupe assez nombreux pour assister dignement aux obsèques de son président d'honneur. Une immense couronne funéraire et un éloquent discours de M. Alfred Barbier (1), alors son président, furent son dernier tribut d'affection et d'hommages au savant et vénéré sociétaire dont la perte était aussi douloureuse qu'irréparable.

La notice que nous terminons ici ne pouvait rien ajouter sans doute, au point de vue des sentiments et des regrets exprimés, à l'éloge

(1) Bulletins de la Société des Antiquaires de l'Ouest, 4e trimestre 1888, p. 525-526.

si apprécié de tous auquel nous venons de faire allusion, et à l'article nécrologique par lequel M. Barbier l'a complété (1). Mais un éloge n'est pas une biographie, et l'on a pensé qu'à ce dernier titre, le travail que nous venons d'accomplir ne ferait pas double emploi (2).

Poitiers, 24 *avril* 1889.

J.-L. DE LA MARSONNIÈRE.

(1) Bulletins de la Société des Antiquaires de l'Ouest, 4e trimestre 1888, p. 531.

(2) Les deux discours de M. Barbier sont reproduits dans les annexes qui font suite à cette biographie, pages 127 et 133.

DISCOURS DE M. BARBIER

PRONONCÉ AUX OBSÈQUES DE M. LECOINTRE-DUPONT (1).

MESSIEURS,

Le Président d'honneur de la Société des Antiquaires de l'Ouest, M. Gérasime Lecointre-Dupont, commandeur de Saint-Grégoire-le-Grand, n'est plus au milieu de nous. Une longue et cruelle maladie vient de l'enlever à l'affection de sa famille et de ses amis. Sa belle âme a déjà reçu au Ciel la récompense due à une longue existence, sanctifiée par toutes les vertus.

L'éloge d'un tel homme ne peut se faire en quelques mots, alors qu'il est de ceux dont on écrit la vie pour servir d'exemple aux survivants. Mais l'expression cordiale des sentiments affectueux et sympathiques qui animent les membres de la Compagnie que j'ai l'honneur de présider, à l'endroit d'un fondateur qui a jeté sur elle un vif éclat, trouvera ici sa libre expansion.

Il nous sera donc permis de retracer avec la simplicité que notre vénéré Président d'honneur

(1) Bulletins de la Soc. des Ant. de l'Ouest du 4e trimestre 1888, page 576.

aimait tant, les principaux caractères et les mérites sans nombre qui ont rendu sa vie le modèle accompli du chrétien et du père de famille, de l'homme public et du savant.

Dans le père de famille, il y avait, à côté d'un amour inépuisable pour ses enfants, les convictions profondes du catholique sincère.

La Famille et la Religion ! — Deux mots admirables ; plus que cela : deux idées magnifiques et fécondes, que revendique la société chrétienne dont elles sont les bases.

Une charité large et discrète répandait, autour de notre regretté confrère, l'abondance chez les pauvres, les consolations chez les désespérés. Être bon sans éclat formait la devise de cet homme modeste. Il était de toutes les bonnes œuvres et les fécondait par une présence assidue, la solidité de ses conseils et l'abondance de ses subsides. La reconnaissance lui était douce : il savait pardonner à l'ingratitude. C'est ainsi que les privilégiés de la fortune doivent comprendre leurs devoirs sociaux.

Est-il même besoin d'insister sur la bienfaisance de M. Lecointre-Dupont, quand nous voyons la foule immense qui accourt, avec une spontanéité consolante, autour de l'homme qu'elle a appris depuis longtemps à connaître et à vénérer? Le peuple avec son grand cœur ne sait point oublier ceux qui l'aiment pour lui-même, et l'aident à supporter une existence où les labeurs et la misère pénètrent trop souvent. Il conservera le souvenir de ce vieillard doux et bienveillant, qui fut, pour les pauvres et les affligés, un consolateur et un ami dans les mauvais jours.

Homme public, M. Lecointre-Dupont a été un citoyen accompli, que la ville de Poitiers s'honorera toujours de voir figurer sur son livre d'or : il a été mêlé à l'administration municipale, qui a profité de son expérience, de son jugement droit, de son intelligence complète des affaires. Il était écouté avec déférence, et ses avis prévalaient souvent.

Les idées politiques de M. Lecointre-Dupont offraient ce phénomène rare qu'elles maintenaient au dehors de la lutte ardente des partis, dans les moments de crise, l'homme dont les convictions fermes et sans arrière-pensée n'admettaient pas les compromissions. C'est qu'il était courtois et indulgent pour ses adversaires ; que les paroles amères et blessantes lui étaient inconnues ; qu'il ne cherchait pas dans la polémique des feuilles publiques le moyen d'assouvir des rancunes ou de frapper un ennemi par derrière. Il pratiquait les règles divines de la charité évangélique partout et toujours. La peine du talion lui était étrangère. Il rendait à César ce qui appartient à César, sans la faiblesse que donne la crainte du Pouvoir, sans l'ostentation intéressée qui sollicite les honneurs.

Cette attitude pleine de dignité, signe d'un caractère fort et indépendant, nous aimons à la rappeler aujourd'hui parce que nous en avons été quelquefois le témoin.

On nous pardonnera, dans ces appréciations sommaires, que le moment et les circonstances nous commandent d'abréger, de n'être pas à la hauteur des mérites de l'homme éminent dont nous déplorons tous la perte. Combien de détails relatifs à cette chère existence n'aurons-nous pas oubliés ! Combien de traits saillants et caractéristiques qui viendraient compléter heureusement la physionomie de ce vénérable apôtre de la charité, n'auront-ils pas échappé à nos investigations ! Il faut nous résigner à cette tâche incomplète, en pensant que d'autres sauront mieux la remplir que nous.

Mais nous ne pourrions, sans mériter des reproches, oublier l'Antiquaire, dont il était la personnification accomplie. Pendant cinquante-quatre ans, M. Lecointre-Dupont a été le collaborateur fécond des publications de notre Société, son conseiller intime ; il l'aimait comme un enfant chéri en qui on se sent revivre.

M. Lecointre-Dupont était un penseur élevé, un écrivain élégant et disert, un archéologue et un numismate ayant l'autorité incontestée qui s'attache à la science vraie, acquise par de longs et consciencieux travaux. Son activité littéraire ne s'exerçait pas seulement dans le Poitou, centre préféré de ses études et de ses affections ; elle rayonnait encore à l'extérieur. En effet, il était membre correspondant de plusieurs Sociétés savantes, françaises et étrangères, qui s'honoraient de le compter dans leurs rangs, et d'enrichir leurs publications de ses études, où le fond, la forme et la sûreté des vues se prêtaient un mutuel appui. Grâce à Monsieur Lecointre-Dupont, la science si difficile des monnaies provinciales a fait d'immenses progrès en Poitou.

La gestion de sa grande fortune, le temps consacré aux affections de la famille lui laissaient encore des loisirs qu'il consacrait à la solution des problèmes que l'histoire, l'archéologie et la numismatique ne cessent d'offrir à leurs adeptes. Avec leurs mille difficultés, grossies encore par les exigences de la critique moderne, la passion qui s'y attache s'accroît et se raidit pour mieux les vaincre.

M. Lecointre-Dupont a beaucoup et surtout bien écrit. Sans entrer dans l'énumération de ses œuvres et de ses études favorites, nous rappellerons qu'il a publié, sur Notre-Dame-la-Grande, une monographie qui restera un chef-d'œuvre de précision et de science archéologique. Ce précieux monument ne pouvait avoir un interprète mieux convaincu et un historien plus complet. Des fenêtres de son hôtel, il admirait les beautés incomparables de la vieille église, et s'identifiait avec elle. Chaque jour, il s'y acheminait pour retremper son âme vaillante dans les sources pures de la foi, de l'espérance et de la charité.

Les souhaits de longue vie de ses nombreux amis ne peuvent empêcher les années de s'accumuler sur la tête de notre vénérable Président d'honneur. La maladie le couche sur son lit de douleur. Le corps souffre, mais l'intelligence toujours intacte domine les atteintes cruelles d'un mal qui progresse lentement, avec une sûreté fatale. Et cependant M. Lecointre-Dupont résiste et lutte avec l'admirable sérénité et le courage de l'homme juste qui attend de son Créateur la récompense d'une vie sans tache.

Une de ses dernières pensées a été pour un monument qui témoigne aussi de la foi de nos pères, l'Hypogée des Martyrs, découvert sur les Dunes par le R. Père de la Croix. Ce sujet de haute exégèse religieuse était digne de lui, et M. Lecointre-Dupont nous aurait peut-être dit le dernier mot: celui de la vérité. Son esprit aimait à s'égarer dans les ombres de cet antique édifice, pour en surprendre le secret obscurci par de longs siècles. Ouvrier de la première heure, il montre aux autres la voie à suivre pour élucider un problème dont la solution éclairera d'une vive lumière les origines chrétiennes du Poitiers gallo-romain.

Enfin, qu'il soit permis à la Société des Antiquaires de l'Ouest, qui a tenu à se rendre ici en corps, d'offrir à la famille désolée de son Président d'honneur l'expression sincère de ses profonds regrets. Que sa dévouée compagne, que ses fils, ses filles et ses nombreux petits-enfants veuillent bien trouver dans ces simples paroles que le devoir et l'amitié nous dictent, le témoignage qu'il est juste de rendre d'un homme de bien. N'est-il pas, ce témoignage, dans toutes les bouches, dans tous les cœurs ?

MESSIEURS,

Le corps retourne à la terre ; l'âme immortelle appartient à son Créateur. La mort est suivie d'une vie nouvelle, et c'est là notre suprême espérance.

Ceux-là reverront notre ami au Ciel qui auront imité ses vertus ici-bas.

NOTICE NÉCROLOGIQUE

LUE PAR M. BARBIER A LA SÉANCE DE LA SOCIÉTÉ DES ANTIQUAIRES DE L'OUEST DU 25 OCT. 1888 (1).

« MESSIEURS,

« Le 27 septembre dernier, les membres de la Société des Antiquaires de l'Ouest présents à Poitiers se réunissaient dans cette salle pour y déli-

(1) Bulletins de la Soc. des Ant. de l'Ouest, 4e trim. 1888, page 531.

bérer sur les mesures à prendre en vue des obsèques de son regretté Président d'honneur, M. Lecointre-Dupont, lesquelles devaient avoir lieu le lendemain 28. — Diverses circonstances, occasionnées par le manque de temps et l'absence d'un grand nombre de nos confrères, n'avaient pas permis de s'occuper plus tôt de l'accomplissement d'un devoir que chacun de nous considérait être une dette de cœur.

« Dans cette séance, il était décidé à l'unanimité :

« Que la Société déposerait sur le cercueil, comme témoignage de ses regrets, une couronne de fleurs naturelles portant cette simple inscription : *La Société des Antiquaires de l'Ouest à son Président d'honneur* ;

« Qu'elle assisterait par exception et en corps à la cérémonie funèbre ;

« Que le président de la Compagnie exprimerait en son nom la tristesse profonde qu'elle ressent de cette perte irréparable. »

« Vos intentions ont été réalisées sur tous ces points, et vous avez été heureux, en cette circonstance, de donner à la famille de M. Lecointre-Dupont des témoignages sincères de condoléances et de haute estime.

« Les funérailles du vendredi 28 septembre 1888 étaient imposantes, dignes de la mémoire de notre Président d'honneur. Toutes les classes de la société poitevine y étaient confondues dans une assistance énorme, pénétrée des mêmes sentiments d'affliction. Nous n'insisterons pas sur cette manifestation vraiment populaire, les journaux de la localité s'étant empressés d'en rendre un compte fidèle.

« Aujourd'hui, Messieurs, avant de reprendre nos travaux interrompus par de grandes vacances, il m'a paru convenable de satisfaire à l'obligation traditionnelle en insérant dans les annales de la Société l'événement douloureux qui enlève à son affection le dernier de ses membres fondateurs.

« La longue carrière de notre Président d'honneur, si bien remplie par les obligations du père de famille, de l'homme public et du savant, se terminait dans la matinée du 25 septembre 1889. Il avait alors soixante-dix-huit ans et quelques mois. En effet, M. Gabriel-François-Gérasime Lecointre était né à Alençon le 4 décembre 1809. Il avait successivement traversé sans encombre le premier Empire, la Restauration, les règnes de Charles X et de Louis-Philippe, la République de 1848, le second Empire, et enfin la République de 1870.

« Les vicissitudes politiques du pays et les troubles qu'elles causent fatalement dans la vie privée ne vinrent pas entraver le goût irrésistible de M. Lecointre-Dupont pour les études littéraires et scientifiques. Esprit positif, chercheur infatigable, travailleur obstiné, confrère obligeant, toutes ces qualités étaient faites pour appeler sur sa personne les dignités honorifiques dont la Société investit chaque année et tour à tour les membres qu'elle distingue. Il fut quatre fois président de la Compagnie : la première en 1841-1842, à l'âge de trente-trois ans, puis en 1844-1845, en 1868 et en 1876. Aucun autre membre de la Société, à l'exception de M. de Longuemar, n'a été revêtu aussi souvent de ces fonctions, à juste titre fort enviées.

« Mais une dignité plus grande encore était réservée à M. Lecointre-Dupont.

« Le Congrès archéologique tenu à Poitiers, en 1884, sous la présidence de M. Bonvallet, devait être la cause d'une manifestation éclatante pour le seul survivant des fondateurs de 1834. La Compagnie fêtait son cinquantenaire, qui, heureusement, ne l'a point fait vieillir. A cette occasion, elle groupait autour d'elle les notabilités savantes des contrées de l'Ouest et les membres des nombreuses Sociétés avec lesquelles elle est en relation. Une sorte de concours d'érudition dans les branches multiples de l'archéologie et de l'histoire était le but proposé. Poitiers en était le centre, les provinces voisines le rayonnement.

« Un homme qui fut la tradition vivante de la Société et qui en avait partagé les travaux pendant un demi-siècle était désigné à la présidence d'honneur de cette lutte pacifique. J'ai nommé M. Lecointre-Dupont. Cette dignité lui est conférée sur l'initiative de M. de Chergé par une acclamation unanime, et le président annuel, avec la modestie qui ajoute encore à ses mérites, est heureux de partager avec un tel confrère le lourd fardeau du Congrès. M. Lecointre-Dupont s'effraie presque d'une démonstration qui n'est qu'un acte spontané de vive sympathie. Il accepte cependant un titre qu'il ne peut refuser, avec la grâce naturelle qui lui était particulière. L'invitation à une course charmante aux ruines gallo-romaines de Sanxay est la réponse immédiate du nouveau Président d'honneur à ses nombreux amis. Aurait-on pu choisir une distraction plus utile et plus agréable à des antiquaires ? Personne ne manque au rendez-vous dans les frais et pittoresques vallons de la Vône, tout étonnés de cette invasion pacifique. Aussi la journée du 3 juillet 1884 fut-elle splendide parmi celles que la saison d'été nous prodigue, imprégnée de cordialité et pleine d'effusion. — Là, M. Lecointre se montra ce qu'il était toujours, prévenant, aimable pour chacun de ses invités, se multipliant avec un tact qui est le privilège des natures délicates et élevées. Quoique l'âge eût déjà alourdi ses pas, la vivacité de son esprit n'avait rien perdu de sa jeunesse et de sa fraicheur. J'ai la conviction, et je voudrais vous la faire partager, mes chers confrères, que le souvenir de cette belle fête, dont il fut l'âme en même temps que l'ornement, a été pour notre regretté Président d'honneur une satisfaction intime et profonde qui ne s'est effacée qu'à l'heure suprême, avec le dernier souffle de la vie.

« Une médaille commémorative portant cet exergue : *Souvenir du 13 août 1834. A Lecointre-Dupont, le dernier des onze membres fondateurs de* 1834, rappellera aux enfants les honneurs rendus au père.

« Les *Bulletins* et les *Mémoires* de la Société sont remplis des travaux divers de M. Lecointre. Pour s'en convaincre, il suffit de lire dans le volume des tables générales publiées en 1876 par M. de la Bouralière, l'énumération des études, dissertations, notices, discours, sortis de la plume féconde de notre érudit confrère. Il a abordé tous les genres avec une égale supériorité.

« Cependant son goût pour la numismatique y prédomine. Il n'a pas craint d'en affronter les difficultés les plus ardues. Ses magnifiques collections de pièces, enrichies avec cet éclectisme qui ne s'adresse qu'aux monnaies rares ou curieuses par leur intérêt historique, lui facilitaient l'étude si difficile des types nombreux que les monétaires de l'époque carlovingienne et de la féodalité nous ont laissés. Rien n'échappe à sa loupe, aucun secret ne se dérobe à ses patientes investigations. Dans cet ordre d'idées, son principal ouvrage a été publié en 1846, par l'éditeur Dumoulin, sous le titre de : *Histoire monétaire de la Normandie et du Perche* ; il valut à l'auteur, de la part de l'Institut de France, un rappel de médaille. Il avait écrit précédemment un *Essai sur les monnaies du Poitou et sur leurs divers types* qui a fait époque ; une médaille de l'Institut avait été la juste récompense de cette savante étude, publiée par notre Société en 1839 et 1840.

« Dans le vaste domaine de l'histoire et de l'archéologie, sciences fécondes qui se dévouent l'une à l'autre, M. Lecointre a également produit des travaux estimés, lus avec plaisir, consultés avec fruit. Ils ne sont pas de la catégorie de ceux qu'il est permis de s'assimiler en les fondant dans un creuset qui les démarque ; il est maître chez lui ; il ne craint pas ces larcins audacieux ou timides qui, sans enrichir leurs auteurs, appauvrissent à peine ceux qui en sont l'objet.

« Une *Notice sur le château de Bonnivet* nous initie aux merveilles sculpturales de la renaissance de l'art en France et aux prodigalités ruineuses d'un amiral favori de François Ier.

« Un rapport dans lequel sont décrites avec une exactitude minutieuse et un réel sentiment de l'esthétique les *Sculptures de la façade de Notre-la-Dame-la-Grande*, nous explique la théorie symbolique des statues naïves, grotesques ou hiératiques qui sont l'ornement typique et richement fouillé de cette église romane aux réminiscences byzantines.

« A moins que M. Lecointre n'envisage, dans ses discours marqués au coin d'une grande élévation de pensée, les questions générales, telles que celles *Sur le goût des études archéologiques dû au sentiment de l'amour national* ; sur le rôle de *Dom Rivet dans l'histoire littéraire de la France*, à laquelle ce savant bénédictin consacra trente ans de sa vie, ou encore sur *l'architecture religieuse en France au* XIXe *siècle*, il se confine dans les personnages, les chroniques et les monuments poitevins.

« Ce sont les études qu'il préfère à toutes autres. Il s'y livre avec ardeur, il y emploie tous les loisirs que lui laisse l'administration d'une grande fortune. Il donne successivement : *Un sarcophage trouvé à Montierneuf ; le Catalogue des objets celtiques du musée de la ville de Poitiers et de la Société des Antiquaires de l'Ouest ; un Projet de cartes historiques et monumentales du ressort de la Société ; un Mémoire sur le miracle des Clefs et sur la procession du lundi de Pâques ; une Notice sur la vie et les travaux archéologiques de M. Mangon de la Lande ; La disette de l'hiver* 1786 *en Poitou et M. Boula de Nanteuil*. Dans ce dernier travail, l'auteur se peint lui-même en racontant les actes de bienfaisance et d'humanité que multipliait en temps de famine le dernier intendant de la généralité de Poitiers.

« J'ai cité un peu au hasard dans les œuvres de notre confrère. Il eût été trop long d'énumérer ici tous ses écrits.

« Au nombre des principales Sociétés savantes avec lesquelles correspondait M. Lecointre-Dupont, je citerai : la *Société française d'archéologie*, celle des *Antiquaires de Normandie* et *l'Association Normande*.

« Il n'est pas d'études plus agréables et plus utiles que celles de l'antiquaire. Non seulement elles nous captivent, mais encore elles créent des relations qu'on n'aurait jamais eues en restant indifférent à la science du passé. Et cependant on n'épargne à cette science difficile ni les épigrammes ni les plaisanteries de mauvais aloi, bien pardonnables, il est vrai, à ceux qui en ignorent le but aussi noble que patriotique. Le réalisme d'aujourd'hui n'effacera pas l'histoire d'autrefois. Il ne rebutera pas les hommes trop rares qui se dévouent à une œuvre de propagande et de vérité qui excite et relève le sentiment national.

« M. Lecointre était en correspondance suivie avec plusieurs notabilités scientifiques de la France et de l'étranger. Je me bornerai à citer, dans cette rapide esquisse, les noms de MM. Anatole de Barthélemy, membre du Comité des travaux historiques ; de la Sicotière, sénateur de l'Orne, un ami de soixante ans ; Kervyn de Lettenhove, le savant annotateur de Froissart ; Chalon, président des commissions royales d'art et d'archéologie de Bruxelles, numismate des plus distingués ; le Rév. Lewis, syndic de l'Université de Cambridge. Cette correspondance, écrite sur le ton d'une parfaite et réciproque cordialité, est limitée entre les deux dates extrêmes du 30 avril 1873 et 29 mars 1888. Elle traite de numismatique et de questions de généalogie. Les lettres de M. Chalon sont fort instructives. Celles du Rév. Lewis ont un caractère particulier d'aimable abandon joint à une science de très bon aloi. Je ne puis résister au plaisir d'en citer une, à la date du 29 mars 1888, ayant trait à notre sainte Radegonde, dont le culte vénéré a pénétré en Angleterre :

« *Corpus christi college* Cambridge, ce 29 mars 1888.

« Cher monsieur et bien excellent confrère,

« Par le même courrier, je vous ai expédié un exemplaire du quatorzième volume de l'*Archeologia Cantina*, dont les pages 140 à 152 renferment un mémoire sur l'abbaye de Sainte-Radegonde, près de Douvres. Veuillez bien le communiquer à M. l'abbé Em. Briand, et me renvoyer le livre avant le 1er mai, si toujours ce délai-là vous suffira pour en maîtriser le contenu.

« J'ai osé demander vos bons offices dans cette affaire, car je ne sais pas si le savant abbé se connaît aussi parfaitement que vous dans le maniement de la langue anglaise. Il me semble que dans le susdit mémoire on ait dit le dernier mot sur les rapports qui existaient entre sainte Radegonde et Douvres, mais c'est un vrai jour de fête pour moi, quand je me trouve à même d'aider les recherches de mes bons confrères poitevins dans n'importe quel coin historique.

« Recevez, etc. »

Dans une lettre précédente, du 19 janvier 1887, le Rév. Lewis s'exprimait ainsi... « Je vous remercie vivement, cher et honoré confrère, de l'honneur que vous m'avez fait en me présentant aux suffrages de votre éminente Société. Lorsque quelqu'un de mes nouveaux confrères poitevins viendra visiter les musées, les galeries, les tableaux, les bibliothèques et les allées de Cambridge, j'espère qu'il n'hésitera pas de faire appel à mes meilleurs services comme guide et hôte... »

On n'est pas plus obligeant, et à part quelques *anglicismes* bien pardonnables à un habitant de la Grande-Bretagne, un Français ne s'exprimerait pas beaucoup mieux.

« Ainsi, les rapports de M. Lecointre-Dupont avec ses correspondants avaient ce caractère d'effusion, de science et de franchise, qui, en retour, lui attiraient des amitiés solides et profitables.

« Les dernières pages écrites par lui sont datées du Porteau, le 30 juin 1888. C'est dans cette solitude pittoresque, baignée d'air pur et de chaude lumière, que la main d'un compagnon fidèle lui aidait à fixer sa pensée. Déjà atteint de la maladie qui eut une issue fatale, il espérait recouvrer, dans cette maison de campagne qu'il aimait beaucoup et qui répondait à la simplicité de ses goûts, ses forces défaillantes. Tout en admirant le splendide panorama de la vallée sinueuse où le Clain traîne avec indolence ses eaux profondes, il méditait sa belle lettre sur l'*Hypogée Martyrium* du R. P. de la Croix, destinée au commandeur de Rossi, le célèbre archéologue romain. Ces deux vénérables athlètes de la science épigraphique, qui est le privilège de quelques-uns, échangeaient alors une correspondance d'un haut intérêt et qui vient de paraître sous ce titre : *L'Hypogée des Dunes de Poitiers.*

« M. Lecointre était le champion des martyrs locaux contemporains de Simplicien, fils de Justinus, gouverneur de la ville, et voulait, dans un élan de patriotisme convaincu, réserver à notre terre poitevine la gloire d'avoir été rougie, sur ce champ des martyrs, par le sang de ses enfants. Son redoutable adversaire, le commandeur de Rossi, esprit généralisateur. familier avec les monuments épigraphiques d'une société naissant à la religion du Christ, lui oppose dans une vigoureuse argumentation servie par une science profonde, les soixante-douze martyrs romains du groupe de saint Chrysanthe et de sainte Darie, dont on aurait seulement déposé des reliques dans l'hypogée des Dunes. Cette opinion est développée dans une lettre datée d'Albano-Laziale, le 27 juillet 1888. La lutte à armes courtoises aurait sans doute continué si un des combattants n'avait disparu de l'arène. D'autres viendront prendre la place de M. Lecointre et soutenir l'idée toute poitevine qu'il a défendue dans sa lettre si instructive du 30 juin 1888 ; mais nul n'aura, plus que lui, l'amour du pays qui résume toute sa vie.

« Mes chers Confrères,

« Il m'a semblé qu'il était bon d'exprimer devant vous, sans plus tarder, les vifs regrets que nous cause la mort de M. Lecointre. Les *Bulletins* de la Société, sorte de journal trimestriel de son existence morale et de sa vie scientifique, doivent conserver les traces de cet événement douloureux. Les joies et les tristesses de notre Compagnie s'y reflètent tout à tour. L'honneur que j'ai eu de parler en votre nom aux obsèques de l'*homme de bien* ne me dispensait pas d'insister aujourd'hui sur les mérites de l'*antiquaire*.

« Tels sont les adieux que notre Société adresse cordialement à la mémoire de son premier et vénéré Président d'honneur. »

BIBLIOGRAPHIE

DE

M. G. LECOINTRE-DUPONT

PAR M. DE LA BOURALIÈRE

Extrait de la Revue Poitevine et Saintongeoise, 5e année, nº 57-58, page 314.

Historien consciencieux, archéologue de valeur, numismate de premier ordre, M. Gérasime Lecointre-Dupont, que la mort nous a enlevé dernièrement, s'est distingué, dans les diverses branches de la science auxquelles il s'est attaché, par une érudition profonde, un véritable sens critique, un style élégant et facile. On retrouve ces qualités dans tous ses écrits, comme dans la discussion où le voit toujours courtois et modeste, cherchant la vérité en toute simplicité de cœur.

En numismatique, notamment, il a fait des découvertes importantes et émis des théories qui sont aujourd'hui acceptées de tous. Nous donnons la liste de ses œuvres aussi complète qu'il est possible de la dresser actuellement, en regrettant de ne pas en faire la bibliographie raisonnée dont elle est digne et qui ne manquera pas d'être entreprise prochainement.

— Lettre de Louis XIV au maréchal de Catinat, avec un long post-scriptum de la main du roi, en date du 2 novembre 1693. *Alençon, lithog.* de P. Trachsel, 1832, in-fol. de 6 pages. (M. Lecointre était alors âgé de 23 ans.)

— Rapport sur le commerce et l'industrie du département de l'Orne (inséré dans les *Matériaux pour servir à la statistique du département de l'Orne*, recueil des procès-verbaux de la Session générale tenue à Alençon, en 1837, par l'Association normande, pp. 90-126).

M. Lecointre était particulièrement affectionné à la Société des Antiquaires de l'Ouest, dont il fut un des fondateurs, en 1834, et dont il était le président d'honneur depuis le 7 janvier 1884 ; il a publié dans les *Bulletins* et les *Mémoires* de cette Société la meilleure part de ses travaux.

1° *Dans les Bulletins.*

— Rapport sur un mémoire de M. Nouveau relatif à divers champs de sépulture. (Bull. du 1er mai 1836.)

— Rapport sur le 9e volume des Mémoires de

la Société des Antiquaires de Normandie. (Bull. du 1er juin 1837.)

— Notice sur une médaille d'Amaury Bouchard. (2e trim. de 1838. — Tiré à part, 5 pp.)

— Notice sur un anneau d'or trouvé à Auxances, près Poitiers. (1er trimestre de 1839. — Tiré à part, 5 pp.)

— Note sur un sarcophage trouvé à Montierneuf, et proposition pour la conservation d'une inscription de l'église de cette abbaye. (1er trim. de 1840.)

— Son opinion sur l'origine de la tapisserie de Bayeux. (Idem. — Reproduit dans la *Revue anglo-française*, tome 1er de la 2e série, pp. 408-411.)

— Rapport sur les Mémoires de la Société académique de Saint-Quentin, 1831-1833. (3e trimestre de 1840.)

— Rapport sur le premier volume, 2e série, des Mémoires de la Société des Antiquaires de Normandie. (1er trim. de 1842.)

— Notice sur Philippe, trésorier de Saint-Hilaire, chapelain et intendant d'Alphonse, comte de Poitiers. (3e trim. de 1843. — Tiré à part.)

— Notice sur un manuscrit relatif à la peinture sur verre, appartenant à M. Bigeu. (1er trim. de 1846. — Tiré à part, 15 pp.)

— Notice sur les *Annotations* de Jean Vincent de Melle, professeur de l'Université de Poitiers, à un ouvrage de grammaire intitulé *Grecismus*. (2e trim. de 1847.)

— Note sur quelques monnaies antiques. (Idem.)

— Notice sur la vie et les travaux archéologiques de M. Mangon de la Lande. (4e trim. de 1847.)

— Notice sur les *Billets de confiance* émis en Poitou pendant les années 1791 et 1792. (2e trim. de 1840. — Tiré à part, 16 pp.)

— Note sur une mosaïque trouvée à Poitiers au mois de décembre 1862. (2e trim. de 1863.)

— Notice sur l'ancien hôtel des monnaies de Poitiers. (1er trim. de 1866.)

— Rapport sur les bulletins des Commissions royales d'art et d'archéologie de Belgique, année 1865 et 1er trimestre de 1866. (3e trimestre de 1866.)

— Note sur un reliquaire, en forme de croix, de l'ancienne église de Sainte-Opportune de Poitiers. (2e trim. de 1871. — Tiré à part, 7 pp.)

— Note sur le lieu où le Prince Noir séjourna près de Tours, du 7 au 11 septembre 1356. (3e trim. de 1884. — Tiré à part avec des notes de MM. de Grandmaison et Babinet, 11 pp.)

2° *Dans les Mémoires.*

— Notice sur le château de Bonnivet. (Année 1876. — Tiré à part, in-8° de 8 pp. avec 4 planches.)

— Rapport sur une découverte de monnaies du moyen âge, faite à Saint-Saviol. (Année 1837. — Tiré à part, 22 pp.)

— Rapport sur les travaux de la Société pendant l'année 1837. (Année 1838. — Tiré à part, 20 pp.)

— Catalogue des objets celtiques du cabinet d'antiquités de la ville de Poitiers et du musée de la Société des Antiquaires de l'Ouest. (Année 1838. — Tiré à part, in-8° de 24 pp. et une planche.)

— La légende de saint Julien le Pauvre, d'après un manuscrit de la bibliothèque d'Alençon. (Année 1838. — Tiré à part, in-8° de 24 pp. et une planche.)

— Projet de cartes historiques et monumentales du ressort de la Société. (Année 1838. — Tiré à part, in-8° de 107 pp. et une planche.)

— Rapport descriptif présenté au nom de la Commission chargée d'examiner la façade de l'église Notre-Dame de Poitiers. (Année 1839. — Tiré à part, in-8° de 22 p. avec 3 planches.)

— Essai sur les monnaies du Poitou et sur leurs divers types (années 1839 et 1840), tiré à part, avec quelques changements et sous ce nouveau titre : « Essai sur les monnaies frappées en Poitou et sur l'histoire monétaire de cette province ». *Poitiers*, imp. de F.-A. Saurin, 1840, in-8° de 173 pp. avec monnaies gravées dans le texte et quatre planches hors texte.

Cette savante étude, qui est l'œuvre capitale de M. Lecointre, lui a valu une médaille d'or décernée par l'Académie des inscriptions et belles-lettres.

— Discours prononcé à la séance publique du 11 décembre 1842, sur le goût des études archéologiques puisé dans le sentiment national. (Année 1842. — Tiré à part.)

— Notice sur le monument nommé *la pierre qui pue*. (Année 1842. — Réimprimé sous le titre : Antiquités de l'église et du bourg de Saint-Hilaire. *Poitiers, impr. de Saurin frères*, 1843 in-8° de 16 pp.)

— Notice sur Pierre de Poitiers, grand prieur de Cluny, abbé de Saint-Martial de Limoges. (Année 1842. — Tiré à part, 23 pp.)

— Notice sur deux deniers de Savary de Mauléon et sur l'atelier monétaire de Niort aux XIe et XIIe siècle. (Année 1845. — Tiré a part, 11 pp., et reproduit aussi dans la Revue numismatique, année 1847, p. 22-32.)

— Jean sans Terre, ou Essai historique sur les dernières années de la domination des Plantagenets dans l'Ouest de la France. (Année 1845. — Tiré à part en in-8° de 176 pp. et 1 planche. Manque la feuille 7 (pp. 77-112) qui n'a pas été tirée, l'auteur ayant le projet, qu'il n'a pas exécuté, d'apporter quelques remaniements à son texte.

— Mémoire sur le miracle des clefs et sur la

procession du lundi de Pâques à Poitiers. (Année 1845. — Tiré à part.)

— Dom Rivet et l'histoire littéraire de la France. (Année 1845 — Tiré à part, 15 pp.)

— Rapport sur les travaux de la Société pendant l'année 1849. (Année 1849.)

— Pierre des Roches, trésorier de Saint-Hilaire de Poitiers, évêque de Winchester : discours prononcé à la séance publique du 5 janvier 1868. (Année 1867. — Tiré à part, 16 pp.)

— La disette de l'hiver 1786 en Poitou et M. Boula de Nanteuil : discours d'ouverture de la séance publique du 28 décembre. 1868. (Année 1868. — Tiré à part, 12 pp.)

— De l'architecture religieuse en France au XIXe siècle : discours prononcé à la séance publique du 4 janvier 1876. (Année 1876. — Tiré à part, 17 pp.)

M. Lecointre a fourni à la Revue anglo-française, dirigée par M. de la Fontenelle de Vaudoré, les articles suivants :

— Traité conclu à Londres en 1359, entre les rois Jean et Edouard. (Tome Ier, pp. 388-405, tiré à part, in-8°, de 18 pp. Ce premier tirage contient plusieurs fautes qui ont été corrigées dans le texte donné par la Revue anglo-française.)

— Compte rendu de l'Essai historique, archéologique et statistique de l'arrondissement de

Pont-Audemer, par M. A. Canel. (Tome II, pp. 187-194 et 404-407.)

— Sur quelques découvertes de monnaies de l'époque anglo-française, faites en 1833 et 1834. (Tome II, pp. 242-244.)

— Compte rendu des Mémoires de la Société des Antiquaires de Normandie, tome VI, in-8°. (Tome II, pp. 311-314.)

— Essai historique sur les monnaies du Poitou et sur quelques autres monnaies de la période anglo-française. (Tome II, pp. 325-382, avec deux planches. Extrait du travail d'ensemble que l'auteur préparait alors sur les monnaies du Poitou et qu'il a publié ensuite dans les Mémoires de la Société des Antiquaires de l'Ouest.)

— Compte rendu des Mémoires de la Société des Antiquaires de Normandie, 2e série, tome Ier. (Tome II de la 2e série, p. 54-58.)

— Compte rendu de l'histoire de saint Louis, roi de France, par M. le marquis de Villeneuve-Trans. (Idem, pp. 263-275.)

Il a donné à la Revue numismatique, fondée par M. Cartier d'Amboise et M. de la Saussaye, les travaux qui suivent :

— Des anciens noms de la ville de Melle. (Ann. 1836, tiré à part, in-18 de 10 pp.)

— Notice sur la monnaie des seigneurs de Mauléon en Poitou. (Ann. 1838, tiré à part à 25 exemplaires, 13 pp.)

— Compte rendu d'une notice de M. Maurice Ardant sur des médailles et monnaies trouvées à Limoges. (Ann. 1838, pp. 460-464.)

— Notice sur un denier de l'empereur Lothaire. (Ann. 1830, tiré à part à 25 exemplaires, 7 pp.)

— Dissertation sur les monnaies portant le nom de Charleroi et de la ville de Melle, vulgairement attribuées à Charles le Simple : origine du mot *Maille*. (Ann. 1840, tiré à part à 100 exempl., 28 pp. et planche.)

— Note sur un denier de Catherine de Foix, vicomtesse de Béarn, reine de Navarre, explication du type des monnaies des Centules. (Ann. 1840, tiré à part à 25 exempl., 3 pp.)

— Note sur trois tiers de sol d'or mérovingien, contrefaçon moderne de l'une de ces pièces. (Ann. 1840, tiré à part à 25 exempl., 7 pp.)

— Lettre sur l'histoire monétaire de la Normandie pendant la domination des ducs de cette province, et sur les causes de la rareté des monnaies de ces princes. (Ann. 1842, pp 108-126.)

— Lettre sur l'histoire monétaire du comte du Perche, pour faire suite à la première lettre sur l'histoire monétaire de la Normandie. (Ann. 1847, pp. 26-34.)

— Lettre sur l'histoire monétaire de la Normandie aux XIIIe et XIVe siècles. (Ann. 1843, pp. 102-118.)

— Note sur deux monnaies d'argent frappées

à Saint-Lô en 1580 et 1590. (Ann. 1844, pp. 297-300.)

— Compte rendu de la notice sur quelques monnaies du moyen âge, trouvées en 1842 à Saucats, par F. Jouannet. (Ann. 1843, pp. 314-317.)

— Lettre sur l'histoire monétaire de Normandie pendant les règnes de Charles VI et de Charles VII. (Année 1846, pp. 194-254, avec deux planches.)

Les *Lettres sur l'histoire monétaire de la Normandie et du Perche* ont d'abord été tirées à part à 100 exemplaires, puis elles ont été réunies et rééditées par l'auteur avec de nombreuses additions. — Paris, J.-B. Dumoulin. (Poitiers, imp. de H. Oudin, 1846, in-8° de 152 pp. avec 3 planches. Elles furent récompensées d'un rappel de médaille, par l'Académie des inscriptions et belles-lettres.)

Il avait concouru, en 1871, à la fondation de la Société des Archives historiques du Poitou, et il publia dans les volumes de cette compagnie, savoir :

— Apurement des comptes de la monnaie d'or fabriquée à Angers, du 26 novembre 1331 au 1er décembre 1333, et à Montreuil-Bonnin du 1er mars 1337 au 22 février 1346. (Tome IV, 1875, pp. 235-274.)

— Documents concernant la seigneurie d'Auxances. (Tome VII, 1878, pp. 264-273.)

Membre de nombreuses Sociétés savantes, il a

aussi collaboré à d'autres publications périodiques : au *Bulletin monumental*, aux *Mémoires* de la Société des Antiquaires de Normandie, à la *Revue numismatique belge*, etc. Le temps nous fait défaut pour retrouver ces volumineuses collections, et nous ne citerons que les articles suivants qui ont été tirés à part :

— Histoire des rois et des ducs d'Aquitaine et des comtes du Poitou, par MM. de la Fontenelle de Vaudoré et du Four, tome Ier, *Poitiers, s. d.* (1842), in-8° de 13 pp. (Article de critique historique sur cet ouvrage, extrait du *Journal de la Vienne*.)

— Notice sur deux demi-testons de Charles IX au différent de Caen et au millésime de 1562. *Caen, A. Asdel*, 1863, in-8°. (Extrait du deuxième volume des Bulletins de la Société des Antiquaires de Normandie.)

— M. Benjamin Fillon (article nécrologique extrait de la *Revue belge de numismatique*, année 1881, in-8° de 3 pp.).

Lettre à M. Chalon, président de la Société royale belge de numismatique, sur le congrès du cinquantenaire de la Société des Antiquaires de l'Ouest. (Extrait de la même Revue, année 1885, in-8° de 6 pp.)

Enfin la dernière œuvre de notre vénéré confrère a été celle-ci, achevée, pour ainsi dire, sur un lit de souffrance qu'il ne devait plus quitter que glacé par la mort. Partisan convaincu et sincère de la thèse des martyrs poitevins, soulevée par l'hypogée des Dunes, il soumet au savant archéologue romain ses observations avec cette clarté et cette modération qui étaient son privilège :

— L'Hypogée des Dunes de Poitiers, lettre à M. le commandeur de Rossi. Poitiers, *imp. de P. Oudin*, 1888, in-8° de 52 pp. avec 4 planches (tiré à 250 exempl., plus 52 exempl. tirés dans le format in-fol. pour pouvoir être joints à l'*Hypogée Martyrium* publié par le R. P. de la Croix).

Cet ouvrage contient une réponse de M. de Rossi, datée du 27 juillet dernier, combattant l'opinion de notre cher compatriote, qui, avec sa probité ordinaire, n'a pas voulu laisser ignorer ce document.

Poitiers, 20 octobre 1888.

Signé : A. DE LA BOURALIÈRE.

PIÈCES JUSTIFICATIVES

Extrait de la *Gazette de l'Ouest* du 23 septembre 1831.

Notre ville vient de faire une perte qu'elle déplorera longtemps : M. Minoret, ancien banquier, vient de terminer une vie qui fut consacrée tout entière à des travaux utiles et à des actes de bienfaisance. Il était le soutien et la ressource des petits commerçants de notre province : jamais sa caisse ne leur fut fermée; et plus ils étaient malheureux, plus ils avaient à se louer de sa généreuse bonté. Il fut très souvent associé à leurs pertes : mais il savait compenser ces honorables échecs par une économie et une simplicité dignes des premiers temps du commerce, et malheureusement trop rares aujourd'hui. C'est ainsi que sa maison ou plutôt celle de ses enfants a conservé son crédit et sa fortune, au milieu de la crise déplorable qui en a renversé tant d'autres. Espérons que cet exemple ne sera pas perdu pour les jeunes commerçants. Si M. Minoret s'imposait à lui-même une sévère économie, il était, en revanche, prodigue pour les pauvres.

Dieu seul connait tout le bien qu'il a fait. Jamais il n'hésita à soulager aucune infortune; jamais il ne refusa de seconder de son crédit, de sa bourse, de ses conseils ou de ses soins les entreprises publiques ou privées qui lui paraissaient utiles à ses concitoyens. Enfin, on nous assure qu'il a voulu mourir comme il a vécu, et que son testament renferme plusieurs legs de bienfaisance.

La douleur des pauvres ne sera pas sans consolation, puisque sa famille a toujours partagé ses généreux sentiments. Mais il ne reste à ses amis que le souvenir de ses vertus.

Extrait du *Patriote de l'Ouest*, du samedi 1er octobre 1831.

POITIERS. — Dans la séance du Conseil municipal du 22 septembre courant, un des membres du Conseil a lu la note suivante :

MESSIEURS,

La ville de Poitiers vient de perdre un de ses citoyens les plus recommandables, dans la personne de M. Vincent-Bernard Minoret, ancien négociant, l'un de ses banquiers les plus renommés de France.

Le Conseil municipal perd ainsi un des membres les plus distingués par les longs et importants services qu'il a rendus à la commune.

Le plus ancien membre du corps municipal, M. Minoret savait soustraire à ses nombreuses occupations quelques instants pour les consacrer avec plaisir à remplir les devoirs que lui imposait le titre modeste de membre du Conseil municipal.

Ceux de vous, Messieurs, qui ont été ses collègues depuis longtemps savent avec quelle précision il savait ramener à son véritable objet toute discussion qui avait besoin d'être éclairée d'un avis puisé dans un grand usage des affaires ; sa longue expérience, acquise dans des relations commerciales immenses, le faisait souvent regarder comme un oracle dans les questions les plus difficiles.

Elevé dans la pratique des affaires, M. Minoret a constamment suivi avec intrépidité une carrière pénible, où il devait acquérir une réputation européenne.

Que de fois son nom seul n'a-t-il pas créé une recommandation puissante au milieu des nations étrangères, où se trouvaient réfugiés ceux de nos concitoyens que les événements de la Révolution avaient portés à chercher un asile chez les peuples voisins de notre belle France! Toujours humain et généreux, M. Minoret les appuya de sa réputation, en leur fournissant des secours qu'ils auraient vainement invoqués sans la magie de son nom.

Appelé plusieurs fois, par le suffrage unanime de ses concitoyens, à la présidence du tribunal de commerce. dont il était membre depuis 1785, il apporta dans l'exercice de ces difficiles fonctions un zèle, un esprit de justice qui le rendaient l'arbitre de toutes les affaires commerciales.

Membre du Conseil général du département, il se plaisait, par un véritable esprit de patriotisme, à prendre part aux délibérations de cette assemblée qui nous rappelle, quoique bien faiblement, les assemblées provinciales; il se faisait un devoir de défendre les intérêts de notre pays, et, en particulier, ceux de notre ville, dont il se faisait le défenseur bénévole.

Administrateur des hospices, il voulait prouver qu'il était le père des pauvres: il remplissait avec un zèle digne des plus grands éloges ces fonctions honorables, mais bien pénibles, que le désir de servir l'humanité peut seul faire accepter.

En rendant tant de services importants, dont la récompense ne peut se trouver que dans le cœur de ces personnes vertueuses à qui aucun sacrifice ne coûte, M. Minoret suivait ce penchant naturel qui l'avait continuellement porté à soulever le poids de la misère qui s'appesantit avec tant d'amertume sur un grand nombre de malheureux.

Le petit commerce de Poitiers, ainsi que celui des villes qui nous avoisinent, ne perdra jamais le souvenir des services immenses qu'il rendit de tout temps à ceux qui, commençant souvent sans moyens la gestion d'affaires assez importantes, eussent succombé s'ils n'eussent été soutenus par le crédit puissant de M. Minoret.

Ami des pauvres, sa bienfaisance ne connut point de bornes : plus il donnait, plus il éprouvait le besoin de donner encore, ne mettant d'autres conditions à ses dons que le secret inviolable dont il voulait envelopper toutes ses actions.

Religieux sans ostentation, il était un des administrateurs de l'église de Notre-Dame, sa paroisse; ses largesses envers les pauvres honteux de ce quartier portèrent souvent au sein des familles les plus malheureuses les consolations et le nécessaire. Nous pouvons dire aussi qu'il fut un des bienfaiteurs de cette église, qu'il aimait à doter des objets indispensables à l'éclat du culte.

Quand vous fûtes hier, Messieurs, pour rendre les derniers devoirs à notre collègue, n'avez-vous pas été tous témoins de ces acclamations d'une population nombreuse qui se plaisait à proclamer sa bienfaisance, en répétant plusieurs traits de générosité dont heureusement notre ville offre bien des exemples !

Messieurs, en confondant vos larmes avec celles de cette famille respectable qui, par tant de bienfaits, s'est attiré les bénédictions de tant de malheureux, n'avez-vous pas éprouvé cette satisfaction intime qu'inspire le témoignage d'éloges payés aux bonnes œuvres et qui rend la vertu si précieuse ?

Puisse notre faible voix prouver à notre ancien collègue que l'exemple de ses vertus personnelles et civiques vivra toujours au sein du Conseil municipal de Poitiers !

CHARTA

FUNDATIONIS GYMNASII SANCTI VINCENTII A PAULO APUD PICTAVIUM.

In nomine sanctæ et individuæ Trinitatis. Amen.

Quia in mundo facta, nisi litterarum memoriâ teneantur, sæpè temporum damno pereunt, dignum satis, imò necessarium ducimus ut ea maximè quæ catholicè geruntur, ne oblivione infirmari possint, scripto commendentur. Universis igitur sanctæ hujus Ecclesiæ Pictaviensis clericis ac fidelibus, tam posteris quam præsentibus, notum fieri volumus ac certum haberi quia dilectus nobis magister Carolus Dupont, acolythus, unus è generalibus hujusce provinciæ consiliariis, ad cœtum legislationum deputatus postquam in veteri Fratrum Prædicatorum conventu Pictaviensi tunc a se acquisito, gymnasium catholicum sub titulo Sancti Vincentii à Paulo instituisset, quod per totum jam decennium, faventibus episcopis, curâ venerabilium discretorumque ac scientificorum virorum Caroli Pauvert, Hippolyti Rabier, Camilli Rouland et Michaelis Maynard, presbyterorum ac Ecclesiæ nostræ cathedralis canonicorum ad honores, non mediocri fructu ac famâ floruit, opportunum nunc et utilissimum judicavit si dictum gymnasium manibus episcopi Pictaviensis, erga tam optabile ac laudabile institutum benevolentissimi remitteret. Quapropter præfatus dilectus noster Carolus Dupont nobis, nomine nostri episcopatus et de consilio venerabilium fratrum nostrorum qui nobis a latere sunt agentibus, oneroso quidem titulo cessit ac justo pretio vendidit antiquum illud monasterium, catholico juvenum laïcorum studiis liberalibus incumbentium collegio, per cuncta futurorum seculorum tempora, si Deus permiserit, inserviturum. Dono autem præterea nobis dedit omnia domus supellectilia cunctaque mobilia ad eam spectantia ; quæ quidem largitiones, cum expensis de præterito factis, non minoris pretii quam nonaginta millium francorum æstimari debeant. Intendit autem pius ille vir domum, ab episcopo Pictaviensi quidem irrevocabiliter acquisitam, sed donis tanti momenti refectam, nunquam nisi de absoluta necessitate a suo proposito divellendam fore, et tunc aliis bonis operibus quantum fieri poterit, iisque specialíus quæ adolescentibus aut viris proficiunt pro bono diœcesis et in primi civitatis Pictaviensis addicendam, imo præsenti suo statui, ubi rerum adjuncta sinerent postea restituendam. Ad hoc autem observanda Nos et successores nostros coram Deo conscientia vinculo obstringi volumus ; hæc est enim expressa doni conditio, nec alius est finis venditionis.

Denique in oratorio dicti gymnasii mandamus Missam unam de defunctis, cum absolutione quotannis in perpetuum celebrari per Octavam festi Omnium Sanctorum, pro memoriâ omnium eorum de familiâ donatoris qui vitâ excesserint ; item et singulis mensibus Missam unam dici ad intentiones ipsius donatoris, dum vitâ gaudebit, et pro ipso ac parentibus ejus vivis ac mortuis post ipsius obitum.

Muam quoque Missam de Beata Maria Virgine ad intentionem dilectorum nostrorum fratrum et consacerdotum Caroli Pauvert, Hippolyti Rabier, Camilli Rouland et Michaelis Maynard perpetuo quotannis per mensem Maium dici præcipimus ; his vero Missis aderunt, si fieri poterit, alumni domus, excepto vacationum tempore. Tandem deficiente supradicti collegii sacello, pias dispositiones istas conditas perseverare et solvi debere, in insigni olim collegiali et abbatiali, nunc parochiali et vice-archipresbyterali ecclesia Beatæ Mariæ Majoris statutum est.

Quod ut firmum et inconcussum futuris temporibus maneat, nominis Nostri charactere firmari, et sigilli Nostri auctoritate corroborari volumus, sicut nomine ipsius donatoris et cæterorum qui infrà. Præsentis chartæ tria exemplaria conficiantur, unum in cancellariâ nostrâ episcopali, aliud in archivio gymnasii catholici Sancti Vincentii, tertium denique apud familiam donatoris asservandum.

Actum Pictavii, in ædibus nostris episcopalibus, die IIa mensis Aprilis, in festo Compassionis Beatæ Mariæ Virginis, anno Domini M. D. CCC. LII.

† Ego LUDOVICUS EDUARDUS, *episc. Pictaviensis.*
CAROLUS DUPONT.
DE ROCHEMONTEIX, *v. g.*
SAMOYAULT. *v. g.*
Hippolytus RABIER, *c. h. P.*
Julius HÉLINE, *c. h. secret.*
C. ROULAND, *c. h.*
Gerasimus LECOINTRE-DUPONT,
Eugenius LECOINTRE.
LECOINTRE.
C. PAUVERT, *p.*
Pro Dom. MAYNARD G. M. ROBERT *cus*

SALVERT.

Acte reçu par Me Boyer le 24 janvier 1866.

Donation d'une rente aux Sœurs de Sainte-Philomène pour l'entretien de six jeunes filles dans l'établissement des Sœurs de Sainte-Philomène et de six jeunes garçons à la colonie agricole de Salvert.

ART. 10. — Les jeunes filles de 3 à 8 ans sont prises parmi les enfants recueillis dans les hospices de Poitiers, sur la désignation de l'administration de ces établissements.

ART. 30. — Elles doivent rester dans l'établissement jusqu'à l'âge de 21 ans.

ART. 4. — La Communauté est tenue de les loger, vêtir,

blanchir, nourrir et soigner tant en santé qu'en maladie, de les élever dans les principes et la pratique de la religion catholique, apostolique et romaine, de leur enseigner la lecture, l'écriture, le calcul et les ouvrages manuels appropriés à leur âge et à leur condition.

ART. 6. — Leur pension est payée jusqu'à dix-sept ans. Après cet âge elles seront gardées gratuitement et leur pension sera réversible au profit d'autres jeunes filles des hospices qui seront admises à remplacer les premières.

ART. 7. — La Supérieure de la maison pourra, avec l'agrément de l'administration des hospices, les placer avant 21 ans comme domestiques en ville ou à la campagne.

ART. 8. — Si plus tard, pour des raisons indépendantes de leur volonté, ces jeunes filles se trouvaient sans place, la Communauté devrait encore les recevoir temporairement, pourvu qu'elles eussent conservé leurs bonnes mœurs et qu'elles pussent témoigner de leur bonne conduite.

ART. 9. — Celles qui sortent après l'âge de 21 ans ont droit à un trousseau fourni par la Communauté et une somme de dix francs. Elles reçoivent pareil trousseau quand elles sont placées même avant l'âge de 21 ans, de l'agrément et par les soins de Madame la Supérieure.

Les petits garçons doivent avoir de 8 à 13 ans ; ils sont désignés par Madame Lecointre-Dupont et seront désignés après elles par l'aîné de leurs enfants résidant dans l'arrondissement de Poitiers, qui, en cas de vacance, doit être prévenu dans la huitaine par Madame la Supérieure.

Lors de l'admission des jeunes garçons dans l'établissement, leurs parents ou tuteurs prennent l'engagement de les y laisser jusqu'à l'âge de dix-huit ans.

S'ils les retirent avant cet âge, ils doivent payer la pension des enfants sur le prix de 50 fr. par an durant tout le temps de leur séjour.

Si ces jeunes garçons, après être restés dans la maison

jusqu'à l'âge de 18 ans et s'y être bien conduits, viennent à se placer alors au gré de la Supérieure, ils auront droit à un trousseau fourni par l'établissement valant au moins 80 fr. et à 20 fr. d'argent.

Si l'établissement des garçons cessait d'exister, la Communauté serait tenue de recevoir 8 jeunes filles à la place des 6 garçons.

Extrait du registre des délibérations du Conseil municipal du Merlerault (Orne).

L'an mil huit cent quatre-vingt-huit, le dimanche sept octobre, à neuf heures du matin, les membres du Conseil municipal du Merlerault se sont réunis au lieu ordinaire des séances.

Présents : MM. Margueritte, maire, Forcinal, adjoint, Héron, Duval, Desmares, Levillain, Lacour et Marcigney, conseillers.

M. le maire, président, expose que, depuis la dernière réunion du Conseil municipal, le pays a eu la douleur de perdre M. Lecointre-Dupont, l'un des plus grands propriétaires de province, si connu par ses nombreuses œuvres de bienfaisance, et à qui les pauvres du Merlerault sont redevables de tant de bienfaits.

Il propose de présenter une adresse de condoléance, ce qui est immédiatement adopté, et le Conseil minicipal, à l'unanimité, se faisant l'interprète des habitants du Merlerault en général, et celui des pauvres en particulier, s'associe à Monsieur le Maire, et le prie de faire part à la famille de M. Lecointre-Dupont des sentiments de douleur que cause la perte de ce bienfaiteur vénéré, et solliciter en faveur des pauvres la continuation des mêmes preuves de commisération.

Fait en séance, au Merlerault, les jour, mois et an précités.

Le registre est dûment signé.

Pour copie conforme : Le Maire,

Signé : MARGUERITTE-BISSON.

TABLE DES MATIÈRES

BIOGRAPHIE DE M. LECOINTRE-DUPONT.

ANNEXES.

PIÈCES JUSTIFICATIVES.

POITIERS. — TYPOGRAPHIE OUDIN.

www.ingramcontent.com/pod-product-compliance
Ingram Content Group UK Ltd.
Pitfield, Milton Keynes, MK11 3LW, UK
UKHW021146260726
13994UKWH00001B/314